Combinação de Negócios

Combinação de Negócios

ASPECTOS FISCAIS

2018

Mauro da Cruz Jacob

COMBINAÇÃO DE NEGÓCIOS
ASPECTOS FISCAIS
© Almedina, 2018
AUTOR: Mauro da Cruz Jacob
DIAGRAMAÇÃO: Almedina
DESIGN DE CAPA: FBA
ISBN: 9788584933907

Dados Internacionais de Catalogação na Publicação (CIP)
(Câmara Brasileira do Livro, SP, Brasil)

Jacob, Mauro da Cruz
Combinação de negócios : aspectos fiscais /
Mauro da Cruz Jacob. – São Paulo : Almedina, 2018.

Bibliografia.
ISBN 978-85-8493-390-7

1. Contabilidade 2. Contabilidade societária
3. Normas Internacionais de Informações Financeiras
(IFRS) – Brasil I. Título.

18-18717   CDU-34:336.2:657.46(81)

Índices para catálogo sistemático:

1. Brasil : Contabilidade e direito tributário 34:336.2:657.46(81)

Cibele Maria Dias - Bibliotecária - CRB-8/9427

Este livro segue as regras do novo Acordo Ortográfico da Língua Portuguesa (1990).

Todos os direitos reservados. Nenhuma parte deste livro, protegido por copyright, pode ser reproduzida, armazenada ou transmitida de alguma forma ou por algum meio, seja eletrônico ou mecânico, inclusive fotocópia, gravação ou qualquer sistema de armazenagem de informações, sem a permissão expressa e por escrito da editora.

Setembro, 2018

EDITORA: Almedina Brasil
Rua José Maria Lisboa, 860, Conj.131 e 132, Jardim Paulista | 01423-001 São Paulo | Brasil
editora@almedina.com.br
www.almedina.com.br

PREFÁCIO

É uma honra ter sido convidado para escrever o prefácio deste livro. Muito provavelmente, o gentil convite esteja ligado aos excelentes debates que tivemos sobre assuntos complexos envolvendo contabilidade, finanças e tributação. Mauro da Cruz Jacob é um respeitadíssimo *expert* que alia conhecimento e experiência ao seu cotidiano profissional e que tem como marca uma inteligente e elegante capacidade de argumentação. Suas qualidades são facilmente identificadas no texto desta obra.

A temática das combinações de negócios e seus aspectos fiscais está ligada ao amplo processo de convergência do modelo contábil brasileiro ao internacional. Para que o processo tivesse sucesso no país, tivemos uma verdadeira ruptura com alguns parâmetros de reconhecimento e divulgação de informações e como os novos conceitos seriam tratados do ponto de vista fiscal.

Atualmente, profissionais que lidam com aspectos contábeis e fiscais necessitam ter um sólido conhecimento das International Financial Reporting Standards, recepcionadas pelo Comitê de Pronunciamentos Contábeis e ratificadas por reguladores, como a Comissão de Valores Mobiliários. O nosso atual modelo contábil é baseado em princípios, que ampliam a responsabilidade dos profissionais para a realização de julgamentos.

Além da adoção de um novo modelo contábil, também passamos a experimentar no Brasil um maior distanciamento entre a contabilidade para fins de informação para usuários externos e aquela, para fins fiscais. Assim, a existência de diferenças de tratamento amplia a necessidade de que profissionais de mercado conheçam o lado societário e fiscal para que possam desempenhar suas funções de maneira adequada.

A temática das combinações de negócios é ampla e complexa. É ampla, diante do dinamismo de mercado em estruturar operações de maneiras tão diversificadas. É complexa, pois a representação da decisão de investimento e de sua performance passa por questões ligadas a mensuração e evidenciação, além de envolver a discussão sobre seus reflexos do ponto de vista fiscal.

Ao tratar dos aspectos fiscais das combinações de negócios, esta obra vem preencher um *gap* atual e relevante no mercado brasileiro. Para aqueles que buscam uma compreensão profunda sobre o tema, esta obra deve se tornar leitura de base. O autor nos brinda com uma abordagem estruturada de maneira lógica e fundamentada na legislação, passando por aspectos contábeis antes de adentrar nas questões gerais e mais específicas do ponto de vista fiscal. Apenas um profissional do gabarito de Mauro da Cruz Jacob teria a capacidade de fazê-lo.

Fábio Moraes da Costa
Coordenador do Programa de Mestrado Profissional
FUCAPE Business School

SUMÁRIO

Introdução 9

Capítulo 1 – Causas Econômicas Relacionadas às Fusões e Aquisições
        e as Suas Repercussões 15

    1.1. Breve Abordagem sobre o Comportamento dos Mercados
        e as Razões que Levam à Concentração Empresarial. 15
    1.2. Fusão x Incorporação 18
    1.3. Principais Operações Identificadas no Mercado Brasileiro 20
    1.4. Aspectos Financeiros Precedentes às Fusões e Aquisições 22
    1.5. Impactos Financeiros Derivados do Desdobramento
        do Valor de Participações Adquiridas 26

Capítulo 2 – A Mensuração no Reconhecimento Inicial
        e a Realização Econômica......................... 31

    2.1. Mensuração de Participações. Metodologias Admissíveis......... 31
    2.2. Considerações Sobre o Valor Justo 39
    2.3. Reconhecimento Inicial de Participações 44
    2.4. Período de Mensuração ou Maturidade 56
    2.5 Considerações Sobre o Laudo de Avaliação 61
    2.6. Realização Econômica das Parcelas Desdobradas 63

Capítulo 3 – Disciplina Fiscal Aplicável 69

    3.1. Realização Fiscal das Parcelas Desdobradas no Reconhecimento
        Inicial... 69

3.2. Restrições Legais e o Conceito de Dependência   80
3.3. Ganhos Por Valor Justo. Tratamento   88
3.4. Perdas Por Valor Justo. Tratamento   96
3.5 Situações Submetidas às Regras Anteriores à Lei nº 12.973/14 100
3.6 Data-Base de Avaliação x Data do Evento 105
3.7 Tratamento Fiscal das Variações Patrimoniais 107
3.8 Prejuízos Fiscais e Bases Negativas de Contribuição Social
    sobre o Lucro Líquido 109

Capítulo 4 – Análise dos Efeitos Fiscais em Eventos Específicos 113

4.1. Alocação do Valor Justo em Ativos Tangíveis com Posterior
     Incorporação 113
4.2. Reconhecimento e Alocação do Valor Justo a Ativos Intangíveis 120
4.3. Passivos Contingentes na Combinação de Negócios 125
4.4. Ganho por Compra Vantajosa 136
4.5. Aquisição Realizada em Estágios 147
4.6. Contraprestações Contingentes 161
4.7. Aquisição do Controle de Negócios 167
4.8. Aquisição sem obtenção de Controle 172
4.9. Aquisição Indireta. Uso de Empresas-Veículo
     e as Discussões Jurídicas Pertinentes 177

Jurisprudência Administrativa Vinculada ao Tema 201

Bibliografia 203

INTRODUÇÃO

A concentração empresarial, enquanto fenômeno econômico, pode muitas vezes ser identificada através das operações denominadas como fusões[1] e/ou aquisições de participação em empresas e negócios em geral envolvendo os mais diversos grupos. Essa realidade sempre esteve presente nos mercados e é verificada em variados setores, cujas motivações e condições negociais estão intimamente relacionadas com o cenário apresentado ao tempo em que essas transações são concretizadas.

A partir da década de 90 esses eventos apresentaram maior dinamismo na economia mundial em razão de vários fatores, desde a entrada de novos e importantes *players* no cenário econômico internacional até a consolidação gradativa da globalização dos mercados, conforme observam **Miranda** e **Martins** (2000). No Brasil essa dinâmica também tem sido uma constante, marcada de forma significativa pelo grande fluxo de capital estrangeiro recebido a partir desse período e onde também verificamos em todos os anos a ocorrência de grandes transações, as quais, direta ou indiretamente, caracterizam formas de concentração empresarial.

Esses eventos têm repercussões jurídicas de grande complexidade no campo societário, e, por derivação, também na área tributária. Notadamente, para o segundo tema (tributário), há especial atenção por parte da Administração Fazendária Brasileira e dos contribuintes, posto que os montantes envolvidos

---

[1] O termo "fusão", empregado nessa obra, pode fazer referência tanto a operações de incorporação como também fusões, propriamente ditas (segundo a legislação brasileira), eis que, ambas, traduzem formas de concentração empresarial.

em tais transações redundam sensíveis efeitos de ordem fiscal e a sua mensuração requer adequada análise, não somente em face da interpretação econômica desses eventos, mas, também, pelo seu devido enquadramento diante das regras fiscais.

Precisamente, no âmbito desse tema, o ponto mais sensível está no tratamento fiscal aplicável aos valores alocados em cada transação, vinculados ao valor das participações societárias e negócios adquiridos, dos quais, comumente, resultam desdobramentos, seja a mais valia ou mesmo a apuração do *"goodwill"*, cujo impacto é percebido diretamente na avaliação do retorno de investimentos, a considerar as regras fiscais brasileiras.

A complexidade do assunto, por vezes, gera equívocos quanto aos procedimentos adotados pelos contribuintes e as possíveis interpretações comportadas em cada caso, além de questionamentos e discussões junto às Autoridades Fazendárias.

Um ponto crítico sobre esse tema residia em nossos antigos padrões para elaboração e reporte de demonstrações financeiras, já que havia diferenças significativas entre as práticas contábeis adotadas no passado e os padrões internacionais (anteriormente à adoção do IFRS[2]), redundando distorções com consequências no campo fiscal.

Por sua vez, a legislação tributária, vigente àquele tempo, buscava disciplinar uma realidade até então conhecida em nosso ambiente econômico e jurídico, cujas disposições se mostraram incipientes ao longo do tempo diante da diversidade dos aspectos relacionados às transações.

A tão esperada convergência das práticas contábeis brasileiras ao modelo do IFRS, iniciada a partir das Leis nº. 11.638, de 28.12.07 e nº. 11.941, de 27.05.09, permitiu significativo avanço, juntamente com um constante processo de adaptação do conteúdo das normas internacionais através dos Pronunciamentos e orientações externadas pelo Comitê de Pronunciamentos Contábeis (CPC), normatizando o entendimento aplicável a variados eventos e se valendo também das experiências já colhidas pelas entidades internacionais equivalentes em sua atuação. É possível afirmar, portanto, que as regras contábeis, a partir desse marco, deixaram de ser ditadas pela rigidez da "lei",

---

[2] *International Accounting Standards Board.*

passando a observar a experiência traduzida através de pronunciamentos de caráter técnico.

Essa mudança estrutural da nossa legislação societária não foi acompanhada de imediato pela legislação tributária, do que resultou a introdução e a vigência por algum tempo do chamado Regime Tributário de Transição (RTT).

Aquele regime, no entanto, estabelecia regra de conteúdo genérico e sem disciplina específica, porém, tendente a manter os mesmos efeitos fiscais que seriam determinados com base na legislação societária que vigia até 31.12.07, cujas diferenças apuradas foram posteriormente repercutidas nas bases fiscais das pessoas jurídicas de forma diferida, no momento da adoção das regras contidas na Lei nº 12.973, de 13.05.14.

Em que pese a intenção inicial do legislador em conferir a mínima segurança jurídica, ao menos em um primeiro momento, era notório que o RTT não seria suficiente a conferir um adequado tratamento, eis que os critérios de mensuração e apresentação de informações contábeis ganharam maior complexidade, não mais comportada nas disposições da legislação tributária pretérita. E não por menos, afinal, os dispositivos legais aplicáveis ao tema, que é objeto dessa obra, têm origem no Decreto-Lei nº. 1.598, de 26.12.77, com ajustes posteriores que incluem a Lei nº. 9.532, de 10.12.97, ambas, elaboradas e publicadas em período anterior à convergência às normas internacionais.

Essa lacuna deixada pela legislação levou a inúmeras interpretações equivocadas no que diz respeito aos critérios de desdobramento do valor das participações societárias adquiridas por diversos contribuintes (pessoas jurídicas) e os seus reflexos fiscais, no período pós-convergência. Por conta da ausência de informação, algumas publicações veiculadas em jornais e revistas especializadas chegaram a sugerir, precipitadamente, a extinção do chamado "ágio" ou a supressão dos seus efeitos fiscais, ao contrário do que se verá em capítulos seguintes.

Diversamente, as disposições legais em vigor, baseadas nas regras da Lei nº 12.973/14 e regulamentações seguintes, conferem disciplina fiscal mais extensa, na medida em que buscam adequar ao campo tributário os principais eventos que, comumente, são verificados em operações envolvendo a reestruturação de empresas.

Nessa linha, a presente obra tem o objetivo de analisar os principais impactos tributários que decorrem dessas operações, a partir de uma prévia e sucinta análise das razões econômicas das quais derivam as diversas reestruturações societárias.

Com o objetivo de melhor ilustrar as conclusões que serão adiante demonstradas, são utilizados exemplos práticos envolvendo inclusive alguns aspectos financeiros, sem a pretensão, no entanto, de discorrer profundamente a respeito de questões macroeconômicas ou financeiras, mas utilizando alguns dos seus conceitos mais básicos para compreensão do tema.

Os entendimentos consignados nessa obra, em sua maior parte, decorrem de experiências colhidas pelo Autor ao longo de sua atuação profissional, além de estudos e constantes debates, sem perder de vista o comportamento da jurisprudência.

Assim, os temas estão distribuídos em quatro capítulos, sendo o primeiro destinado a agrupar breves comentários de ordem econômica e financeira, sem discorrer tecnicamente a respeito de critérios de avaliação, mas, buscando demonstrar ao leitor a sua relevância para determinação dos impactos tributários sob a ótica financeira.

O segundo capítulo apresenta de forma objetiva a evolução da legislação societária brasileira, especialmente no que diz respeito às práticas contábeis aplicáveis ao desdobramento do valor das participações societárias e os eventos que caracterizam a realização econômica de parcelas vinculadas ao respectivo valor de participações em negócios de forma geral.

Também não há intenção de tecer extensos comentários a respeito dos conceitos contábeis aplicáveis ao tema, os quais encontram melhor explanação em doutrinas especializadas, mas a sua abordagem inicial é fundamental para o desenvolvimento desse estudo.

O terceiro capítulo aborda, com maior detalhe, o tratamento fiscal que é conferido pela legislação às operações de reestruturação societária, com as principais ponderações e discussões jurídicas cabíveis ao tema.

O quarto capítulo está estruturado a partir do estudo do tratamento aplicável a eventos específicos, inclusive com o auxílio de alguns casos práticos, tomando por base operações e informações contábeis e financeiras hipotéticas, sobre as quais são demonstrados os respectivos efeitos fiscais, além de uma abordagem objetiva dos principais pontos identificados a partir desses casos.

Apesar da presente obra ter como foco as questões tributárias voltadas à matéria, é certo que os comentários aqui consignados não são capazes de esgotar o tema, mesmo porque as situações abordadas constituem meros parâmetros, cujas conclusões podem apresentar resultados diversos se consideradas outras premissas além daquelas tomadas como base.

Por fim, é pretendido que o resultado desse estudo venha a se converter no futuro em mais uma fonte de consulta e referência para os diversos profissionais que atuam na área jurídica e contábil e áreas afins, especialmente no tocante ao tema fiscal relacionado às operações de reestruturação societária e as suas consequências na avaliação financeira dessas transações.

Capítulo 1

Causas Econômicas Relacionadas às Fusões e Aquisições e as Suas Repercussões

1.1. Breve abordagem sobre o comportamento dos mercados e as razões que levam à concentração empresarial

As últimas décadas foram marcadas por mudanças significativas no comportamento dos mercados em todo mundo. Vários fatores podem explicar esse fenômeno, mas, certamente, dois deles merecem destaque.

O primeiro, sem dúvidas, é o próprio avanço do processo de globalização que gerou maior interdependência econômica entre os países e os grupos econômicos em âmbito mundial, além de contribuir para o aumento do fluxo líquido de capitais externos[3], estreitando a relação entre governos e empresas em diversas localidades.

O segundo, igualmente relevante, está no ingresso de alguns países no cenário econômico internacional, tais como China, Índia e Rússia, dentre outros. Acioly et al (2010), destacam o crescimento contínuo das importações efetuadas pela Índia entre os anos de 1988 e 2008 e a significativa participação

---

[3] Macroeconomia das Economias Abertas: Conceitos Básicos. Introdução à Economia. N. Gregory Mankiw.

da China no comércio global entre os anos de 1978 e 2008[4]. A forte demanda derivada do poder de consumo experimentado por esses países pressionou fortemente os preços de produtos, principalmente *commodities*, obrigando os diversos fornecedores a investir no aumento da capacidade de produção.

No Brasil, além dos fatores externos que influenciaram os rumos de muitos negócios, também experimentamos um sensível crescimento do consumo interno, fruto do aumento do poder aquisitivo adquirido com a maturação do plano real, consolidando os fundamentos econômicos construídos ao final da primeira metade da década de 90[5].

A combinação desses elementos contribuiu diretamente para um aumento da demanda mundial por bens e serviços de toda natureza, exigindo das empresas maior agilidade e mudanças estratégicas, de forma a garantir participação no mercado.

Aumentar a produção para atender a crescente demanda exige novos investimentos, com aporte de recursos próprios ou a sua captação junto a terceiros, além da associação dos agentes de mercado.

Todas essas condições aceleraram um fenômeno que sempre esteve presente na economia que é o constante movimento de concentração empresarial, através da fusão e a aquisição de participações em empresas e negócios[6].

Essas formas de concentração empresarial podem ser alternativas para adequar a estrutura de negócios ao mercado e a conjuntura econômica mundial, de modo que os diversos grupos econômicos, por vezes, buscam expandir sua participação no mercado por meio de aquisições. Em sentido inverso, também

---

[4] *In* Comércio Internacional: aspectos teóricos e as experiências indiana e chinesa. 2010, p. 67 72.

[5] Leis nº 8.880, de 27.05.94 e nº 9.069, de 29.06.95.

[6] A necessidade de associação entre as empresas não é um fato novo. Quando a Edison General Eletric Company foi fundada por Thomas Edison, em 1878, a sua liderança no mercado era iminente e parecia incontestável, afinal, o seu primeiro produto, qual seja, a lâmpada incandescente, era uma inovação revolucionária para a época e a base da sua empresa de eletricidade. No entanto, em 1892, e já contando com o apoio do banco de J. P. Morgam, a sua fusão com a Thomson-Houston foi inevitável, já que esta última possuía o *know how* imprescindível para permitir a transmissão em longa distância, sem o qual o negócio iniciado por Edison não poderia sobreviver, dando origem a General Eletric (GE). Ainda, assim, a nova Companhia precisou de vários aportes de capital até se consolidar definitivamente no segmento. Sobre o assunto, ver *in* "Uma Breve História da Riqueza", de Willian J. Bernstein, p. 147, Editora Fundamento.

se desfazem de ativos quando percebem neles um menor grau de retorno dentro dos patamares esperados, ou quando pretendem concentrar os seus esforços em suas atividades principais, se afastando daquelas estranhas ao seu *core business*.

De modo meramente exemplificativo, é possível separar os fundamentos da concentração empresarial em dois grandes grupos:

> Aumento e/ou manutenção da participação no mercado: o crescimento da demanda traz a consequente necessidade das empresas em marcar posição no mercado, seja mantendo ou aumentando o seu *market share*. O aumento da capacidade de produção, inclusive mediante a ampliação do portfólio de produtos é crucial para alcançar esse objetivo.
> Sinergia de atividades: o ganho de escala de produção permite melhor distribuição e otimização de custos. Além disso, a combinação de atividades, quando devidamente avaliada, tende a gerar maior eficiência na produção e gestão financeira, além de integração tecnológica.

Razões estratégicas e/ou financeiras podem ser determinantes em alguns processos de concentração empresarial, tais como a eliminação de atividades redundantes, acesso a fontes de matérias primas e dos canais de distribuição, dentre outras que tenham a finalidade de atingir uma escala de produção satisfatória ou a melhor gestão de riscos.

Por exemplo, poder-se-ia vislumbrar o caso de um grupo econômico que produza fertilizantes e que tome a decisão de adquirir outra empresa dedicada à produção de minérios utilizados em sua produção. Nesse caso, o objetivo da aquisição poderia estar relacionado tanto a garantir maior estabilidade no fornecimento do insumo como também em se precaver de eventuais oscilações do seu preço, aumentando a capacidade de produção e permitindo também a gestão de riscos do negócio.

Igualmente comum, também é o caso de grupos que estejam ingressando em novos mercados, nos quais já se verifique a existência de outras empresas com negócios razoavelmente maduros. Imaginemos o caso de uma empresa do segmento de varejo de produtos alimentícios que pretenda iniciar atividades em uma certa região do País na qual jamais operou. É possível que um investimento novo naquela mesma região tenha um prazo de maturação ou risco maior, se comparado com o esforço financeiro de aquisição de um negócio já existente. A aquisição de um negócio local, tal como nesse caso hipotético, pode ser uma forma de conquista daquele mercado, com menores entraves, aumentando a participação da empresa com a marcação de novas posições.

O mesmo pode ser observado também em segmentos regulados, cuja entrada de um novo *player* esteja condicionada a abertura de concessões por parte do poder público. Assim, uma forma de vencer este obstáculo poderia ser a aquisição do controle de uma pessoa jurídica titular e operadora de uma concessão já existente, observados os limites legais aplicáveis em cada situação. Essa situação foi verificada durante o processo de desestatização no Brasil, cujo auge se verificou na segunda metade da década de 90, com o leilão de estatais que operavam em setores de energia e de comunicação, momento em que os investidores adquiriram as empresas estatais que operavam naqueles setores.

Em outro cenário, temos fusões e aquisições motivadas, essencialmente, por razões de ordem financeira, quando uma determinada empresa não possui capacidade suficiente para buscar novos financiamentos e aportes para manutenção das suas atividades e do seu crescimento. Em tais situações podem surgir oportunidades para outros grupos com maior capacidade para buscar novas composições de capital incrementando e viabilizando o fluxo de caixa do negócio.

A partir dessas meras ilustrações é possível perceber que o tema em questão apresenta uma infinidade de aspectos que merecem comentários mais detalhados e a consulta de literatura especializada, face à complexidade de cada situação. No entanto, esse capítulo inicial tem como objetivo chamar a atenção do leitor para a existência de questões básicas relacionadas ao comportamento que leva à realização de operações de fusões e aquisições e cuja análise prática pode contribuir para a melhor compreensão dos desdobramentos no campo fiscal e a fundamentação jurídica necessária a justificar atos societários praticados, em linha com a ideia de propósito negocial.

1.2 Fusão X Incorporação. Considerações

No campo econômico vemos o termo "fusão" ser frequentemente empregado para designar tanto as operações juridicamente definidas como fusão como aquelas definidas como incorporação, segundo os estritos termos da legislação brasileira.

A designação de forma genérica se explica pelo fato de que as duas hipóteses, incorporação e fusão, caracterizam concentração empresarial de fato e são, independente da forma jurídica adotada, formas de confusão patrimonial. Essa distinção de ordem jurídica, no entanto, pode não apresentar grande relevância para as linhas de estudos eminentemente econômicas.

Para os devidos efeitos legais, as fusões e as incorporações possuem definições próprias e são tratadas, respectivamente, nos artigos 228[7] e 227[8], ambos, da Lei nº 6.404/76, sendo distintas quanto à forma, em que pesem os seus resultados econômicos (macro) sejam similares. Em termos práticos, a concentração sob a forma de incorporação tende a ser a opção adotada com maior frequência se comparada com a fusão, eis que mais viável operacionalmente, inclusive em razão dos reflexos fiscais gerados.

---

[7] LSA: "Art. 228. A fusão é a operação pela qual se unem duas ou mais sociedades para formar sociedade nova, que lhes sucederá em todos os direitos e obrigações. § 1º A assembleia-geral de cada companhia, se aprovar o protocolo de fusão, deverá nomear os peritos que avaliarão os patrimônios líquidos das demais sociedades. § 2º Apresentados os laudos, os administradores convocarão os sócios ou acionistas das sociedades para uma assembleia-geral, que deles tomará conhecimento e resolverá sobre a constituição definitiva da nova sociedade, vedado aos sócios ou acionistas votar o laudo de avaliação do patrimônio líquido da sociedade de que fazem parte. § 3º Constituída a nova companhia, incumbirá aos primeiros administradores promover o arquivamento e a publicação dos atos da fusão." Essa operação, embora possível juridicamente, apresenta alguns inconvenientes, do ponto de vista prático, já que exige a extinção das empresas envolvidas (fusionadas), razão pela qual é adotada com menor frequência.

[8] LSA: 'Art. 227. A incorporação é a operação pela qual uma ou mais sociedades são absorvidas por outra, que lhes sucede em todos os direitos e obrigações. § 1º A assembleia-geral da companhia incorporadora, se aprovar o protocolo da operação, deverá autorizar o aumento de capital a ser subscrito e realizado pela incorporada mediante versão do seu patrimônio líquido, e nomear os peritos que o avaliarão. § 2º A sociedade que houver de ser incorporada, se aprovar o protocolo da operação, autorizará seus administradores a praticarem os atos necessários à incorporação, inclusive a subscrição do aumento de capital da incorporadora. § 3º Aprovados pela assembleia-geral da incorporadora o laudo de avaliação e a incorporação, extingue-se a incorporada, competindo à primeira promover o arquivamento e a publicação dos atos da incorporação.'.

Em alguns países, no entanto, a fusão e a incorporação são tratadas de forma única, como explica Modesto Carvalhosa, *in* Comentários à Lei das Sociedades Anônimas, 4º Volume, Tomo I, ps. 349 e 350, cujo trecho segue abaixo, *in verbis*:

> "No Direito inglês, os negócios de fusão e de incorporação estão reunidos sob a denominação genérica de *amalgamation*, (...)
> No Direito argentino também se adota a unicidade: a fusão se dá quando duas ou mais sociedade se dissolvem, sem liquidarem-se, para constituir uma nova, ou quando uma sociedade já existente incorpora outras ou outras que, sem se liquidarem, são dissolvidas. (...)
> O Direito francês também adota o conceito único de reorganização, que se reparte entre *fusio-absortion* (incorporação) e *fusion par creation dune societé nouvelle* (fusão propriamente dita). Na *absortion*, entende a doutrina que uma sociedade aliena a outra seu fundo de comércio e seus imóveis, que são agregados à sociedade já existente. Na *fusion* propriamente dita, as sociedades se desmembram, visando a constituir sociedade nova".

Para fins do estudo apresentado nessa obra, são analisados os efeitos fiscais em ambos os casos, sendo que os exemplos práticos ilustrados abordam as situações que envolvem incorporações, considerando que essa forma é mais frequente do que a fusão.

1.3. Principais operações identificadas no mercado brasileiro

Conforme comentado brevemente no tópico anterior, as fusões e aquisições também ocorrem com razoável intensidade no mercado brasileiro.

Nos últimos anos diversos setores e segmentos econômicos têm sido alvo de grandes grupos econômicos, buscando oportunidades em novos negócios e as suas associações e combinação de fatores.

O relatório de fusões e aquisições, produzido pela Associação Brasileira das Entidades dos Mercados Financeiros de Capitais (ANBIMA), aponta, em todos os anos, uma forte movimentação no mercado brasileiro envolvendo fusões e aquisições variadas, conforme resumido no quadro abaixo:

CAUSAS ECONÔMICAS RELACIONADAS ÀS FUSÕES E AQUISIÇÕES E AS SUAS REPERCUSSÕES

Fusões, Aquisições, OPAs e Reestruturação Societárias	Fusões e Aquisições - Anúncios (Consolidado)					
	Jan a Jun		Jul a Dez		Jan a Dez	
	R$ bilhões	Nº	R$ bilhões	Nº	R$ bilhões	Nº
2016	61,5	59	117,7	79	179,2	138
2015	25,0	50	84,6	61	109,5	111
2014	70,0	62	122,7	84	192,7	146
2013	51,1	76	114,2	105	165,3	181
2012	63,6	111	58,7	65	122,3	176
2011	82,7	85	60,1	94	142,8	179

* Quadro extraído do Boletim de Fusões e Aquisições da ANBIMA. Ano XII – nº 26 de março/2017.

Em que pese seja notada uma sensível redução do volume das transações nos anos de 2014 e 2015, em decorrência da desaceleração econômica verificada a partir do segundo semestre de 2013, os valores envolvidos continuam expressivos em âmbito nacional, voltando a crescer a partir do ano de 2016, inclusive com aumento do valor médio em comparação aos dois anos anteriores[9]:

Um aspecto que chama a atenção, considerando as transações conhecidas em cada período, está nas diversas modalidades em que tais operações são realizadas, inclusive mediante a oferta pública de ações (OPA), esse último com menor velocidade nos últimos anos.

O citado relatório também mostra que nos últimos anos houve um sensível incremento das fusões e aquisições mediante a permuta de ações e a composição envolvendo credores com a conversão de dívidas em capital e/ou a sua transferência.

Logo, a expressividade dos valores dessas transações exige adequada estratégia para a concretização desses negócios, cuja viabilidade depende do planejamento inicial até a determinação do critério para a aquisição das participações. Sempre, com grande atenção para os efeitos fiscais.

---

[9] Dados da Associação Brasileira das Entidades dos Mercados Financeiros e de Capitais (ANBIMA).

1.4. Aspectos Financeiros Precedentes às Fusões e Aquisições

Em condições normais, precede a essas operações diversas medidas essenciais a conferir adequada segurança para a realização dos negócios. Sobretudo em ambientes de grande instabilidade jurídica, como ocorre na realidade brasileira, onde se verifica uma vasta gama de normas, não somente em matéria tributária como em outras áreas, cujas regras, nem sempre, guardam uniformidade entre si, inclusive a sua interpretação por parte dos nossos tribunais.

Dentre os diversos passos, comumente verificados nessas transações, podemos destacar:

Realização de *Due Diligence*, Contábil e Legal.
Nessa etapa é mister um adequado levantamento e checagem das informações financeiras e patrimoniais, assegurando a qualidade das demonstrações contábeis, além do devido diagnóstico dos aspectos de ordem legal[10].

A revisão dos procedimentos fiscais adotados por parte da entidade adquirida é indispensável, ou por todas as partes a depender das consequências da operação. A importância dessa revisão fiscal é facilmente compreensível face à diversidade da legislação tributária brasileira, escalonada em três níveis (União, Unidades da Federação e Municípios), e extremamente casuística em alguns temas, seja em razão das constantes alterações dessas legislações ou mesmo pelos conflitos decorrentes da sua interpretação, uma característica bastante peculiar no direito tributário brasileiro.

A mensuração de riscos fiscais identificados, em razão do não cumprimento de obrigações legais (principal e acessória) ou de interpretações diversas quanto à sua aplicação, pode revelar passivos tributários de grande relevância no contexto da transação. Da mesma forma, a quantificação de créditos fiscais em favor das empresas também pode redundar importantes ativos e oportunidades com impacto na decisão final das partes envolvidas.

---

[10] Conforme comentado por Leandro Santos de Aragão, *in* Reorganização Societária, Quartier Latin, 2005, "Nas operações de reorganização societária, há a prática empresarial de realização de um procedimento preparatório, para verificação da viabilidade da operação, com discriminação de eventuais contingências mensuráveis e capazes de influenciar na quantificação econômica dos ativos negociados.".

Como os casos parecem infindáveis, imaginemos, em caráter ilustrativo, que uma empresa (adquirida) recolheu o Imposto sobre Produtos Industrializados (IPI) utilizando uma alíquota de 4%, em razão de uma classificação fiscal aparentemente equivocada para o seu produto, quando, de fato, a alíquota que se afigura mais provável de ser exigida seria de 5%. As diferenças de recolhimento do tributo seriam mensuradas e avaliadas quanto ao seu grau de risco. Em outro caso, consideremos que uma empresa, durante os seus últimos anos, quantificou corretamente o Imposto sobre Serviços (ISS), no entanto, efetuou o recolhimento do tributo apurado para um município diverso. Em outro cenário, podem ser vislumbradas aquelas situações em que um estabelecimento da empresa é beneficiado por alguma desoneração do ICMS sem amparo em convênio celebrado entre as Unidades da Federação[11]. Isto dentre outros diversos cenários possíveis. Todas as hipóteses descritas, se verificadas em um caso real, tendem a revelar contingências fiscais relevantes e certamente seriam levadas à efeito em uma negociação.

Em todos esses casos, a avaliação do grau de risco[12] da contingencia identificada é indispensável para se determinar qual a probabilidade de que o evento ocorrido venha a impactar fluxos de caixa do negócio. Inclusive, esse tema é determinante para a decisão do adquirente em diversos casos.

Não menos importante, também se verifica a necessidade de minucioso levantamento das relações contratuais, estabelecidas pelas entidades, de modo a determinar a extensão das obrigações assumidas e eventuais direitos delas derivados. Por exemplo, consideremos as consequências de um possível conflito de interesses entre o adquirente e um eventual fornecedor da adquirida ou, em cenário diverso, a imposição de penalidades contratuais, caso o fornecimento seja descontinuado por interesse do adquirente.

---

[11] Embora não seja o tema dessa obra, é oportuno esclarecer que os benefícios fiscais, relativos ao Imposto sobre Circulação de Mercadorias e Serviços (ICMS), estão sujeitos à aprovação no âmbito do Conselho Nacional de Política Fazendária (CONFAZ). O tema atualmente passou a se submeter à disciplina da Lei Complementar nº 160, de 07.08.2017.

[12] Sobre a avaliação de riscos de contingências, vide o Pronunciamento nº 25, emitido pelo Comitê de Pronunciamentos Contábeis.

Avaliação de Riscos do Negócio.

A assunção de riscos é peculiar a qualquer negócio, independente do segmento de atividade em que esteja inserida a empresa. Contudo, o seu conhecimento prévio é um fator importante no momento das negociações ou de decisões finais.

Ilustremos, nesse caso, as seguintes hipóteses que poderiam afetar e inviabilizar uma transação:

a) negócio que é operado a partir de uma concessão conferida pelo poder público, sendo a manutenção desse direito objeto de discussão jurídica. Uma decisão desfavorável em momento futuro poderia tornar a operação inviável, independentemente de qualquer outro aspecto.

b) a aquisição de uma planta industrial, cujos principais insumos são supridos por fornecedores que apresentam instabilidade de produção ou capacidade limitada.

Vejam que as ilustrações aqui colocadas refletem apenas alguns exemplos dentro de uma infinidade de situações, mas que, sempre produzem impacto em qualquer avaliação econômica do negócio que seja alvo de um processo de aquisição.

Identificação de Riscos Operacionais.

Outros aspectos, diversos de qualquer análise jurídica ou financeira, podem estar relacionados a questões operacionais, os quais, a depender da relevância podem beneficiar ou prejudicar o negócio.

Exemplo: Uma empresa adquiriu ativos representados por um terminal portuário fluvial, cujo interesse precípuo seria o uso dessa infraestrutura para escoar a sua produção. Embora a aquisição tenha sido operada sem qualquer entrave do ponto de vista jurídico, após a sua conclusão, chega ao conhecimento da nova administração que o calado do porto não é suficiente para operar embarcações de grande porte, exigindo a realização de um maior número de viagens para escoar toda a produção, o que encarece o custo operacional inicialmente projetado para além dos níveis considerados razoáveis para aquele tipo de negócio.

Avaliação do Negócio.

A avaliação do negócio pressupõe, em tese, o seu devido conhecimento e a mensuração dos riscos envolvidos, a exemplo das várias hipóteses anteriormente destacadas. Enfim, todos os elementos que podem influenciar na mensuração dos resultados que serão propiciados pelo negócio.

As literaturas existentes na área de administração financeira reconhecem diversas modalidades para avaliação de negócios e a própria legislação societária brasileira, no tocante às questões relacionadas ao resgate ou reembolso de ações, admite qualquer forma usualmente praticada no mercado[13].

Nesse momento, o que se busca é quantificar o valor do negócio e aferir o grau de retorno que o mesmo propiciará, tomando como base as premissas que podem e devem ser obtidas nas etapas anteriormente comentadas, propiciando elementos para a decisão do investidor, vis a vis a sua expectativa e disposição para assumir riscos. Nos reportando ao tema central dessa obra, o desdobramento considerado no reconhecimento inicial exerce uma forte influência nessa avaliação financeira, como se verá adiante.

Estratégia de Aquisição.

A estratégia de aquisição, em alguns casos, pode ser determinante para viabilizar a aquisição de um negócio, inclusive do ponto de vista tributário, o que inclui os efeitos fiscais derivados do desdobramento da participação adquirida.

Assim, o ponto que será discutido adiante, e que é o foco dessa obra, é a realização fiscal de parcelas que compõem a valoração da participação obtida, **inclusive a parcela eventualmente indicada como *goodwill*.** A depender do modelo adotado, essa realização será possível, com maior ou menor velocidade, fator que influenciará diretamente nos fluxos de caixa presentes do negócio em discussão.

Por exemplo, se o desdobramento do valor da participação adquirida indicar parcelas atribuíveis a um ativo, a sua realização econômica e a sua dedutibilidade fiscal podem representar futuras reduções dos tributos devidos sobre o lucro[14] que será apurado, com o consequente aumento dos fluxos de caixa esperados.

---

[13] Vide artigos 4º e 4º-A, da Lei nº. 6.404, de 15.12.76 (Lei das Sociedades Anônimas).
[14] Nesse caso, fazemos referência, exclusivamente, ao Imposto de Renda de Pessoa Jurídica (IRPJ) e à Contribuição Social sobre o Lucro Líquido (CSLL).

Igualmente se diga também em razão de questões de ordem societária e contratual, a exemplo de implicações sucessórias que representem impedimento e que possam ser superadas em função do uso de uma ou de outra estrutura.

Também nesse momento, a estrutura para a captação de recursos deve ser adequadamente definida, em se tratando de operações estruturadas a partir de financiamentos, o que é bastante comum. Mesmo porque, o retorno do investimento deve ser compatível com a obrigação assumida junto à fonte financiadora, seja uma instituição financeira ou um grupo de investidores institucionais.

1.5. Impactos financeiros derivados do desdobramento da participação no reconhecimento inicial

Antes da leitura dos capítulos seguintes, que tratarão com maior precisão as questões tributárias relacionadas ao critério de desdobramento do valor de participações adquiridas em sociedades ou negócios de um modo geral, uma pergunta que o leitor deve fazer nesse momento é: Por que o tema "ágio" (e as suas repercussões) é tão importante na valoração do negócio? Qual a necessidade de uma obra inteira dedicada à sua compreensão?

Conforme comentado sucintamente no tópico anterior, o desdobramento do valor das participações societárias pode apresentar elementos passíveis de dedução das bases tributárias, contribuindo para incremento dos fluxos de caixa do próprio negócio, desde que seja possível a sua realização de acordo com a estrita observância das regras fiscais.

Outro ponto que não pode passar despercebido é o grande volume de recursos envolvidos nas transações de fusões e aquisições. Relembrando algumas informações já comentadas, vide o quadro informativo com base no relatório da ANBIMA, divulgado no título 1.2.

Se considerarmos uma simples média aritmética dos últimos cinco anos, teríamos um montante de aproximadamente **R$ 152 bilhões**, em transações realizadas em cada ano. Uma parte significativa desses valores pode corresponder a diferenças entre o valor contábil desses ativos e os respectivos valores justos, com desdobramento de ágio por valor justo ou baseado em rentabilidade futura (*goodwill*).

Não há estatísticas precisas sobre o tema, mas, admita-se, somente em caráter didático, que 40%[15] do valor dessas transações sejam alocadas como mais valia de ativos e/ou *goodwill*. Se verdadeira tal premissa, teríamos um valor total, entre mais valia e *goodwill*, em torno de R$ 61 bilhões, representando um potencial efeito fiscal[16] próximo de R$ 21 bilhões em cada ano.

Em termos práticos esse valor final corresponderia ao montante de caixa ou seu equivalente que pode vir a não ser desembolsado pelas empresas envolvidas ao longo do tempo em que os respectivos custos tenham sido amortizados fiscalmente, representando incremento do fluxo de caixa do negócio. Pela ótica inversa, esse montante seria o valor que a Fazenda Pública deixaria de arrecadar no mesmo período, se considerada a dedução integral desses valores nas bases imponíveis do IRPJ e da CSLL.

É claro que essa simples conclusão é por demais precipitada, mesmo porque há restrições legais e condições impostas para que esses efeitos fiscais sejam devidamente concretizados, o que só poderia ser melhor demonstrado a partir de alguma estatística razoável (que não é contemplada nessa oportunidade) mas, podemos considerar essa consequência como potencial.

Naturalmente, a quantificação exata desses valores para cada transação está intimamente vinculada à expectativa de realização econômica e fiscal no desdobramento da participação em cada aquisição, como se verá comentado em capítulos seguintes.

Especialmente para a parcela reconhecida como ágio, seja como mais valia ou como "*goodwill*", a sua realização fiscal, quando cabível, importa em redução das bases tributáveis de cada período, com a consequente diminuição da despesa tributária corrente.

Por óbvio, quanto maior a expectativa de realização fiscal desses "ativos", maior também será a geração de caixa adicional do negócio, assim como a

---

[15] Especialistas em avaliação, a exemplo das grandes firmas de auditoria, já produziram alguns estudos sobre o percentual médio de alocação dos valores em aquisições. Contudo, as suas conclusões ainda não são tratadas como um paradigma oficial no mercado brasileiro.

[16] Valor estimado com base nas alíquotas nominais do IRPJ (25%, considerando a alíquota adicional e desprezando a parcela de isenção) e da CSLL (**regra geral**, 9%), e, assumindo a premissa de que há possibilidade jurídica para dedução fiscal das diferenças apuradas. No caso de Instituições financeiras a alíquota da CSLL até 31.12.18 é de 20%, e, a partir de 2019, de 15%, de acordo com o art. 1º, da Lei nº 7.689, de 15.12.88, na redação que lhe é conferida pela Lei nº. 13.169, de 6.10.15.

taxa de retorno do investimento, posto que, na mesma proporção, também haverá redução dos tributos impactados (IRPJ/CSLL).

Para melhor ilustrar, consideremos as seguintes informações em um caso hipotético:

> O valor total da transação chega a R$ 230 milhões;
> O Ágio[17] quantificado na transação é de R$ 92 milhões;
> Os fluxos de caixa nominais esperados em cada período (ano) montam R$ 60 milhões, **sem efeito da realização fiscal do ágio**;
> A taxa de desconto nominal utilizada de forma ilustrativa na avaliação foi de 10% ao ano[18];
> Não há perpetuidade dos fluxos.

Se considerarmos os fluxos de caixa esperados por um período de 10 anos, **desprezando os efeitos da perpetuidade sobre os mesmos**, teríamos a seguinte situação (em milhões de R$):

Períodos	ano 0	ano 1	ano 2	ano 3	ano 4	ano 5	ano 6	ano 7	ano 8	ano 9	ano 10
Desembolso inicial	-R$ 230	R$ 0	R$ 0	R$ 0	R$ 0	R$ 0	R$ 0	R$ 0	R$ 0	R$ 0	R$ 0
fluxos positivos	R$ 0	R$ 60	R$ 60	R$ 60	R$ 60	R$ 60	R$ 60	R$ 60	R$ 60	R$ 60	R$ 60
Redução IRPJ/CSLL	R$ 0	R$ 0	R$ 0	R$ 0	R$ 0	R$ 0	R$ 0	R$ 0	R$ 0	R$ 0	R$ 0
Valores nominais	-R$ 230	R$ 60	R$ 60	R$ 60	R$ 60	R$ 60	R$ 60	R$ 60	R$ 60	R$ 60	R$ 60
Valor presente	-R$ 230	R$ 54,5	R$ 49,6	R$ 45,1	R$ 41,0	R$ 37,3	R$ 33,9	R$ 30,8	R$ 28,0	R$ 25,4	R$ 23,1
Valor presente total		R$ 138,7									
TIR (fluxos descontados)		11,6%									

---

[17] Neste momento, ainda não estamos considerando as peculiaridades e os detalhes relativos ao desdobramento da participação no momento do reconhecimento inicial, o que pode implicar em sensíveis alterações em relação ao valor do ágio apurado, ou, até mesmo, a sua supressão, caso o custo de aquisição seja integralmente alocado como parte do valor justo.

[18] A taxa de desconto apresentada é meramente exemplificativa, sem qualquer abordagem quanto ao método para a sua determinação, mas, assumindo, para todos os efeitos, que tanto os fluxos e a taxa devem ser, coerentemente, nominais ou reais, como é comentado por Stephen a. Ross, in ADMINISTRAÇÃO FINANCEIRA Corporate Finance, Ed. Atlas, 1995, p. 150.

VPara esse primeiro cálculo não foram considerados quaisquer efeitos decorrentes da realização fiscal da parcela reconhecida como ágio e nos limitamos a demonstrar o valor presente[19] final dos fluxos projetados.

Por outro lado, tomando as mesmas premissas como base, porém, acrescentando o impacto da recuperação fiscal do valor do ágio nos últimos cinco anos do período de projeção, passaríamos a ter o seguinte resultado (também, calculado sem o efeito da perpetuidade):

Em milhões (R$):

Períodos	ano 0	ano 1	ano 2	ano 3	ano 4	ano 5	ano 6	ano 7	ano 8	ano 9	ano 10
Desembolso inicial	-R$ 230	R$ 0	R$ 0	R$ 0	R$ 0	R$ 0	R$ 0	R$ 0	R$ 0	R$ 0	R$ 0
fluxos positivos	R$ 0	R$ 60	R$ 60	R$ 60	R$ 60	R$ 60	R$ 60	R$ 60	R$ 60	R$ 60	R$ 60
Redução IRPJ/CSL	R$ 0	R$ 0	R$ 0	R$ 0	R$ 0	R$ 0	R$ 6,3	R$ 6,3	R$ 6,3	R$ 6,3	R$ 6,3
Valores nominais	-R$ 230	R$ 60,0	R$ 60,0	R$ 60,0	R$ 60,0	R$ 60,0	R$ 66,3	R$ 66,3	R$ 66,3	R$ 66,3	R$ 66,3
Valor presente	-R$ 230	R$ 54,5	R$ 49,6	R$ 45,1	R$ 41,0	R$ 37,5	R$ 37,4	R$ 34,0	R$ 30,9	R$ 28,1	R$ 25,5
Valor presente total		R$ 153,4									
TIR (fluxos descontados)		12,3%									

* A redução do IRPJ/CSLL corrente foi calculada com base na aplicação de uma alíquota nominal de 34%, sobre o valor do ágio, distribuída linearmente dentro dos últimos cinco anos.

As diferenças verificadas entre os dois cenários são perceptíveis, com clara melhoria do fluxo de caixa final apresentado, na medida em que o efeito fiscal produzido pelo valor do ágio foi integralmente considerado dentro do período analisado.

Como resultado, o segundo fluxo apresenta uma variação positiva de 10,6% sobre a geração de caixa (Valor Presente Líquido ou VPL), em comparação com o primeiro, além de um incremento de 6,6% sobre a taxa de interna de retorno (TIR).

As projeções apresentadas, de per si, já respondem à primeira pergunta lançada ao início desse tópico. Vale dizer, o incremento de caixa gerado pela dedutibilidade do valor do ágio pode ser extremamente representativo para

---

[19] Valor presente determinado a partir da seguinte expressão: $VPL = \left(\frac{Vn}{1+\frac{t}{100}}\right)^p$, onde: VPL é o valor presente líquido; Vn é valor nominal; t é a taxa de juros ou de desconto para o período (no exemplo, é anual); e p é o período, no exemplo, medido em anos.

o investidor, na medida em que a sua realização pode se traduzir em maior retorno.

Também não é difícil concluir que os mesmos critérios utilizados nesse exemplo, extrapolados sobre o valor das transações verificadas no mercado a cada ano, representam um montante significativo se comparado com o total da arrecadação de tributos federais, mais precisamente em relação àqueles apurados sobre o lucro.

Na mesma proporção dos benefícios trazidos pela realização econômica do ágio e outras parcelas vinculadas à aquisição de negócios e participações, também surgem contingências fiscais derivadas de interpretações jurídicas questionáveis, tanto por parte dos contribuintes como também pela própria Administração Fazendária, resultando em inúmeras autuações fiscais, além do uso de alguma estratégias que, no mínimo, são questionáveis, expondo as empresas a riscos de ordem fiscal.

Os valores envolvidos são relevantes, razão pela qual a análise em qualquer situação deve ser cuidadosa, não somente em relação aos elementos verificados em cada transação, mas também do conteúdo das disposições legais aplicáveis.

Essa é a resposta da segunda pergunta e o motivo de uma obra integralmente dedicada ao tema.

Capítulo 2

A Mensuração no Reconhecimento Inicial e a Realização Econômica

2.1. Mensuração de Participações. Metodologias Admissíveis

Previamente a qualquer análise dos efeitos fiscais, é importante destacar os critérios para mensuração de investimentos por ocasião do reconhecimento inicial, segundo as práticas reconhecidas pela legislação brasileira, especialmente em relação às participações legalmente qualificadas como coligadas ou controladas[20].

Os investimentos, assim enquadrados, estão submetidos ao método da equivalência patrimonial[21], para os quais são aplicáveis os procedimentos de desdobramento no reconhecimento inicial e as consequências fiscais estudadas nessa obra.

As regras aplicáveis ao tema estão originalmente previstas nos artigos 183, 243 e 248, todos, da Lei nº 6.404[22], de 15.12.76 (Lei das Sociedades Anônimas

---

[20] Individualmente ou em conjunto.
[21] Anteriormente à alteração da legislação brasileira e a adoção do padrão internacional (IFRS), a avaliação de investimentos era condicionada ao critério de relevância (não mais aplicável para esse fim).
[22] Em que pese as disposições legais, tomadas como referência inicial, é oportuno lembrar que as regras contábeis, de modo geral, passaram a seguir as orientações emitidas pelo Comitê

ou "LSA"), atualmente tratadas no âmbito do Pronunciamento nº 18 (R2), emitido pelo Comitê de Pronunciamentos Contábeis (CPC), face ao alinhamento às práticas internacionais.

O artigo 243, da LSA (§§ 1º, 4º e 5º), conceitua as sociedades coligadas da seguinte forma:

> "§1º São coligadas as sociedades nas quais **a investidora tenha influência significativa**."
>
> (...)
>
> "§4º Considera-se que há **influência significativa quando a investidora detém ou exerce o poder de participar nas decisões das políticas financeira ou operacional da investida, sem controlá-la**.
>
> §5º É **presumida influência significativa quando a investidora for titular de 20% (vinte por cento) ou mais do capital votante** da investida, sem controlá-la."
>
> – grifos não constantes do texto original –

Por sua vez, o Pronunciamento nº 18 (R2), em seu item 5, conceitua a influência significativa da seguinte forma:

> "5. Se o investidor mantém direta ou indiretamente (por meio de controladas, por exemplo), vinte por cento ou mais do poder de voto da investida, presume-se que ele tenha influência significativa, a menos que possa ser claramente demonstrado o contrário. Por outro lado, se o investidor detém, direta ou indiretamente (por meio de controladas, por exemplo), menos de vinte por cento do poder de voto da investida, presume-se que ele não tenha influência significativa, a menos que essa influência possa ser claramente demonstrada. A propriedade CPC_18(R2) substancial ou majoritária da investida por outro investidor não necessariamente impede que um investidor tenha influência significativa sobre ela."

---

de Pronunciamentos Contábeis (CPC), por força da previsão contida no art. 10-A, da nº 6.385, de 7.12.76, cujo dispositivo foi inserido pela Lei nº 11.941/09.

As evidências que caracterizam a influência significativa são consideradas comprobatórias da condição de sociedade coligada, quando o percentual mínimo de participação não é atingido. Na linha inversa, a ausência dessas evidências constituiria também a negação dessa mesma condição, notadamente, nos mesmos casos em que a participação seja inferior a 20%.

O referido Pronunciamento também enumera as hipóteses que evidenciam a influência significativa, que podem se enquadrar em uma das formas abaixo:

a) representação no conselho de administração ou na diretoria da investida;
b) participação nos processos de elaboração de políticas, inclusive em decisões sobre dividendos e outras distribuições;
c) operações materiais entre o investidor e a investida;
d) intercâmbio de diretores ou gerentes; e
e) fornecimento de informação técnica essencial.

As situações descritas pelo citado Pronunciamento se reportam a evidências possíveis, caracterizadas por situações de conteúdo formal ou de conteúdo econômico. As primeiras são marcadas pela prática ou o exercício legal funções, a exemplo da ocupação e exercício de cargos de administração ou participação na prática de atos societários, cuja evidência é, em regra, documentada por meio de atas ou qualquer outra formalidade cabível. No segundo caso, se tratam de evidências geralmente observáveis a partir de comportamentos econômicos e cuja aferição é possível quando os seus impactos são relevantes e materiais para a entidade impactada, como ocorrem em relações comerciais recorrentes e estratégicas que revelem algum grau de **dependência econômica**[23], com possíveis riscos para entidade em caso de descontinuidade a qualquer tempo.

A despeito dos esclarecimentos e as situações enumeradas nesse Pronunciamento, a aferição da influência significativa, em alguns casos, pode ser subjetiva em uma primeira análise, dificultando ou tornando controversa a

---

[23] É importante destacar que há diferenças conceituais entre a expressão "dependência econômica", comentada nesse tópico, e a "dependência societária", mencionada no art. 25, da Lei nº 12.973/14, eis que essa última tem o seu conteúdo relacionado à ideia de controle direto ou indireto, por meio de preponderância nas deliberações sociais.

sua confirmação. Por essa razão o §5º, do art. 243 (LSA) permite a sua determinação de forma objetiva, a partir da fixação de percentual sobre o capital votante[24] da participação detida (20%). Logo, a titularidade de ações com direito a voto, assim como a participação em sociedades cujo capital seja representado por quotas, desde que atingido o referido percentual, presume a condição de sociedade coligada, submetendo o investimento à avaliação pelo método da equivalência patrimonial.

No caso de sociedades controladas, o mesmo artigo 243, §2º, em conjunto com o caput do art. 248, (LSA), assim definem:

> "§ 2º Considera-se controlada a sociedade na qual a controladora, diretamente ou através de outras controladas, é titular de direitos de sócio que lhe assegurem, de modo permanente, preponderância nas deliberações sociais e o poder de eleger a maioria dos administradores."
> "Art. 248. No balanço patrimonial da companhia, os investimentos (...) em controladas e em outras sociedades que façam parte de um mesmo grupo ou estejam sob controle comum serão avaliados pelo método da equivalência patrimonial, (...)"
> – grifos não constantes do texto original –

Essa segunda qualificação está vinculada, basicamente, à preponderância sobre deliberações sociais, mormente, obtida através da maioria simples de votos, quando uma determinada entidade, acionista de outra, possui 50% (cinquenta por cento), acrescido, ao menos, de mais uma ação, todas, com direito de voto. Igual condição também se verifica no caso de participações em sociedades limitadas, cuja participação seja superior a 50% do capital social.

No que diz respeito aos investimentos em sociedades controladas, o citado dispositivo legal também incorporou o conceito de controle comum, que se encontrava presente na antiga Instrução CVM nº 247[25], de 27.03.96.

---

[24] Note que a titularidade de ações que não conferem esse direito (voto), não deve ser considerada para efeito do percentual estabelecido pelo dispositivo. Em se tratando de participação em uma sociedade por ações, o conceito é restrito à titularidade de ações ordinárias, e, eventualmente, de ações preferenciais a estas equiparadas em razão de atribuição desse direito.
[25] Instrução CVM nº 247, Art. 3º "Considera-se controlada, para os fins desta Instrução: (...) III. Sociedade na qual os direitos permanentes de sócio, (...) estejam sob controle comum

Aquela Instrução já reconhecia o status de controlador às pessoas que exerciam o controle em conjunto com outros sócios/acionistas, independente do percentual de participação.

O conceito de controle comum é também explicado pelo Pronunciamento nº 18 (R2), do Comitê de Pronunciamentos Contábeis (CPC) como o "compartilhamento, contratualmente convencionado, do controle do negócio, que existe somente quando decisões sobre atividades relevantes exigem o consentimento unânime das partes que compartilham o controle".

Essa hipótese pode enquadrar os casos de titularidade de ações vinculadas a acordos de acionistas, como previsto no art. 118[26], da LSA, já que por este

---

ou sejam exercidos mediante a existência de acordo de votos, independentemente do seu percentual de participação no capital votante".

[26] Art. 118. Os acordos de acionistas, sobre a compra e venda de suas ações, preferência para adquiri-las, exercício do direito a voto, ou do poder de controle deverão ser observados pela companhia quando arquivados na sua sede. § 1º As obrigações ou ônus decorrentes desses acordos somente serão oponíveis a terceiros, depois de averbados nos livros de registro e nos certificados das ações, se emitidos. § 2° Esses acordos não poderão ser invocados para eximir o acionista de responsabilidade no exercício do direito de voto (artigo 115) ou do poder de controle (artigos 116 e 117). § 3º Nas condições previstas no acordo, os acionistas podem promover a execução específica das obrigações assumidas. § 4º As ações averbadas nos termos deste artigo não poderão ser negociadas em bolsa ou no mercado de balcão. § 5º No relatório anual, os órgãos da administração da companhia aberta informarão à assembleia-geral as disposições sobre política de reinvestimento de lucros e distribuição de dividendos, constantes de acordos de acionistas arquivados na companhia. § 6° O acordo de acionistas cujo prazo for fixado em função de termo ou condição resolutiva somente pode ser denunciado segundo suas estipulações. § 7º O mandato outorgado nos termos de acordo de acionistas para proferir, em assembleia-geral ou especial, voto contra ou a favor de determinada deliberação, poderá prever prazo superior ao constante do § 1º do art. 126 desta Lei. § 8° O presidente da assembleia ou do órgão colegiado de deliberação da companhia não computará o voto proferido com infração de acordo de acionistas devidamente arquivado. § 9º O não comparecimento à assembleia ou às reuniões dos órgãos de administração da companhia, bem como as abstenções de voto de qualquer parte de acordo de acionistas ou de membros do conselho de administração eleitos nos termos de acordo de acionistas, assegura à parte prejudicada o direito de votar com as ações pertencentes ao acionista ausente ou omisso e, no caso de membro do conselho de administração, pelo conselheiro eleito com os votos da parte prejudicada. § 10. Os acionistas vinculados a acordo de acionistas deverão indicar, no ato de arquivamento, representante para comunicar-se com a companhia, para prestar ou receber informações, quando solicitadas. § 11. A companhia poderá solicitar aos membros do acordo esclarecimento sobre suas cláusulas.

mecanismo é possível se obter o controle, conforme comenta Roberta Nioac Prado[27], cujas considerações são abaixo reproduzidas:

> "O acordo de acionistas é um pacto firmado entre acionistas, titulares de participação votante de emissão da companhia, pessoas físicas ou jurídicas, que, individual e isoladamente, não detêm direitos de sócio suficientes a lhes assegurarem a maiorias dos votos nas deliberações da assembleia geral da companhia e o poder de eleger a maior dos seus administradores, No entanto, vinculadas por acordo de votos, consubstanciam tal prerrogativa, garantindo e assegurando o efetivo exercício do controle da companhia".

Veja que em tais situações, é possível para um acionista, ainda que titular isoladamente de um percentual inferior a 50%, ser qualificado como controlador, na medida em que, conjuntamente com outros acionistas, é capaz de exercer o controle de outra sociedade por meio de acordo, cujos efeitos se tornam oponíveis a terceiros quando devidamente averbados.

Logo, as participações que não atendam as condições para tal qualificação (coligadas ou controladas), estão sujeitas a tratamento diverso, dispensado aos ativos financeiros, avaliados unicamente segundo as regras de atribuição de valor justo[28].

Outra situação que pode ser excetuada da avaliação com base no método da equivalência patrimonial é o caso das participações detidas por organizações de capital de risco[29], hipótese em que também é requerida a mensuração com base no valor justo da participação

---

[27] In "OFERTA PÚBLICA DE AÇÕES OBRIGATÓRIA NAS S.A. – TAG ALONG", São Paulo, Quartier Latin, 2005, p. 159.

[28] Sobre o tema, vide o Pronunciamento nº 38, do Comitê de Pronunciamentos Contábeis.

[29] Tratamento excepcional é conferido aos investimentos adquiridos por sociedades caracterizadas como organizações de capital de risco ou entidade de investimento, hipótese em que as respectivas participações estão submetidas à avaliação unicamente pelo valor justo, na forma disciplinada pelo Pronunciamento nº 38, do CPC. O item 27, do Pronunciamento nº 36 (CPC), qualifica a entidade de investimento como sendo aquela que: "(a) obtém recursos de um ou mais investidores com o intuito de prestar a esses investidores serviços de gestão de investimento; (b) se compromete com os seus investidores no sentido de que seu propósito comercial é investir recursos exclusivamente para retornos de valorização do capital, receitas de investimentos ou ambos; e (c) mensura e avalia o desempenho de substancialmente todos os seus investimentos com base no valor justo".

A MENSURAÇÃO NO RECONHECIMENTO INICIAL E A REALIZAÇÃO ECONÔMICA

A mensuração das participações qualificadas como coligadas e controladas e que são alcançadas pelas regras do Pronunciamento nº 18 R2 (CPC), incluindo os empreendimentos controlados em conjunto[30], além da metodologia de equivalência patrimonial, podem estar submetidas às regras de valor justo[31].

Esse tratamento é requerido por ocasião do reconhecimento inicial, quando a aquisição da participação decorre de algum tipo de transação.

O valor justo para efeito de mensuração da participação tem como base os elementos patrimoniais identificáveis na transação, considerando os ativos e passivos da adquirida, ou, simplesmente, ativos líquidos. Portanto, é a ocorrência desse evento de aquisição que desencadeia o reconhecimento do valor justo e o seu desdobramento no momento do reconhecimento inicial da participação. A atribuição do valor justo, em cada caso, tem como base de apuração o montante que seria apurado em uma transação não forçada[32].

As diferenças apuradas entre o valor justo dos ativos líquidos identificados e o correspondente valor patrimonial da participação adquirida geram desdobramentos, tratados como mais valia ou menos valia, conforme o caso, cujos valores devem ser evidenciados em subcontas vinculadas à respectiva participação.

Da comparação entre o valor justo e o montante total da contraprestação, pode derivar a apuração do ágio por expectativa de rentabilidade futura (*goodwill*), quando a contraprestação supera o valor justo dos ativos líquidos. Inversamente, se o valor justo é superior, é apurado ganho, qualificado como compra vantajosa.

Esses desdobramentos podem estar submetidos a critérios de evidência e exames de redução ao valor recuperável de modo distinto, a depender da qualificação da participação obtida. Precisamente, haverá distinção quando

---

[30] Segundo a definição extraída do Pronunciamento 18 (R2), item 3, emitido pelo CPC, "Empreendimento controlado em conjunto (*joint venture*) é um acordo conjunto por meio do qual as partes, que detêm o controle em conjunto do acordo contratual, têm direitos sobre os ativos líquidos desse acordo".

[31] Valor justo dos ativos e passivos identificáveis, ou ativos líquidos.

[32] Segundo o Glossário do Apêndice A, ao Pronunciamento nº 46, do CPC: "Transação que presume exposição ao mercado por um período antes da data de mensuração para permitir atividades de marketing que são usuais e habituais para transações envolvendo esses ativos ou passivos; não se trata de uma transação forçada (por exemplo, liquidação forçada ou venda em situação adversa).".

a investida adquirida for tratada como coligada ou controlada, nesse último caso considerando se tratar de uma transação qualificada como combinação de negócios.

Embora os capítulos seguintes tratem com maiores detalhes cada hipótese, vejamos abaixo um quadro resumo com as principais diferenças de abordagem no tratamento, sob o prisma patrimonial:

Eventos	Controladas	Coligadas
Mensuração pelo método da equivalência	Aplicável	Aplicável
Identificação dos ativos líquidos	Aplicável	Aplicável
Mensuração do valor justo	Aplicável	Aplicável
Desdobramento de ágio (goodwill)	Aplicável	Aplicável
Reconhecimento de ganho por compra vantajosa	Aplicável	Aplicável
Ajuste do valor justo na realização dos ativos líquidos	Aplicável	N/A
Teste de impairment do goodwill isoladamente	Aplicável	N/A
Teste de impairment englobando goodwill e mais valia	N/A	Aplicável
Aplicação das regras de combinação em estágios	Aplicável	N/A
Reconhecimento de passivos contingentes	Aplicável	N/A
Apuração dos efeitos de contraprestação contingente	Aplicável	N/A

As diferenças acima apontadas podem resultar na necessidade de adoção de controles patrimoniais com importantes reflexos de ordem fiscal.

Os procedimentos de mensuração e controle do valor justo também podem ser aplicáveis na aquisição de negócios[33], precisamente para aqueles casos em que a transação envolva um conjunto de bens capazes de gerar resultado de modo independente, como se verá em caso específico, tratado posteriormente.

---

[33] Pronunciamento nº 15 (R1), do CPC, Apêndice A – Glossário de termos utilizados no Pronunciamento: "Negócio é um conjunto integrado de atividades e ativos capaz de ser conduzido e gerenciado para gerar retorno, na forma de dividendos, redução de custos ou outros benefícios econômicos, diretamente a seus investidores ou outros proprietários, membros ou participantes".

2.2. Considerações Sobre o Valor Justo

A ideia de valor justo não chega a ser um conceito totalmente inovador em nossa legislação, na medida em que, preteritamente à adoção das práticas internacionais de contabilidade, alguns dispositivos já faziam menção a expressões de conteúdo similar, a exemplo do art. 4º, §4º, da LSA, na redação que lhe foi pela Lei nº 10.303/01, ao tratar dos casos de oferta pública de aquisição em fechamento de capital. Vide abaixo:

> "Art. 4º Para os efeitos desta Lei, a companhia é aberta ou fechada conforme os valores mobiliários de sua emissão estejam ou não admitidos à negociação no mercado de valores mobiliários. (...) § 4º O registro de companhia aberta para negociação de ações no mercado somente poderá ser cancelado se a companhia emissora de ações, **o acionista controlador ou a sociedade que a controle, direta ou indiretamente, formular oferta pública para adquirir a totalidade das ações em circulação no mercado, por preço justo, ao menos igual ao valor de avaliação da companhia, apurado com base nos critérios, adotados de forma isolada ou combinada**, de patrimônio líquido contábil, **de patrimônio líquido avaliado a preço de mercado, de fluxo de caixa descontado, de comparação por múltiplos, de cotação das ações no mercado de valores mobiliários, ou com base em outro critério aceito pela Comissão de Valores Mobiliários**, assegurada a revisão do valor da oferta, em conformidade com o disposto no art. 4º-A".
>
> – Grifos não constantes do texto original –

O dispositivo em referência disciplina casos de fechamento de capital de empresas de capital aberto, mediante a formulação de oferta pública para fins de precificação das ações em circulação e a sua consequente retirada de circulação, caso a oferta venha a ser aderida pelos seus titulares. A base considerada para fins dessa oferta está no oferecimento do seu correspondente "preço justo", dentro do conceito de valor que seria obtido em uma transação entre partes interessadas.

Ainda que se entenda que a expressão contida naquele dispositivo não tenha o exato conteúdo de valor justo que atualmente se discute, ao menos, há que se considerar que o legislador pretendeu indicar que o parâmetro para atender àquele objetivo deveria se aproximar do preço que seria obtido em uma transação ocorrida em condições normais de mercado. Veja que essa ideia já se afastava do parâmetro de valores históricos registrados contabilmente. Vale dizer, um valor obtido em transações independentes.

Por sua vez, a Instrução CVM nº 361, de 05.03.02, ao regulamentar a matéria no âmbito das cias. abertas, adotava como referência o conceito de "Valor Econômico pela Regra do Fluxo de Caixa Descontado" e "Valor do patrimônio líquido avaliado a preços de mercado"[34]. Em todas essas situações, as definições dos termos e expressões também buscam se aproximar da ideia de valor que poderia ser obtido em uma transação entre participantes do mercado. O que poderíamos entender como uma transação entre partes independentes.

Em outro giro, temos como referência o reconhecimento das variações cambiais de direitos e obrigações lastreados em moeda estrangeira, o que, para doutrina de modo geral é tido como um caso em que o valor justo é historicamente adotado (Alexandre Evaristo Pinto[35]).

Com a convergência das práticas contábeis, os diversos pronunciamentos, emitidos pelo CPC, em alinhamento às regras internacionais, trouxeram definições do conceito de valor justo que podem se aproximar dessa mesma definição. Uma delas, extraída do glossário de normas internacionais e reproduzida no Anexo do Pronunciamento nº 12 (CPC), nos traz a seguinte redação:

---

[34] Instrução CVM nº 361/02: "XV – O valor do patrimônio líquido avaliado a preços de mercado deve ser apurado tomando por base a venda ou a liquidação dos ativos e exigíveis separadamente nas seguintes condições: a) o valor de mercado deve corresponder ao valor expresso em caixa ou equivalente ao qual a propriedade (ou qualquer outro ativo ou passivo) poderia ser trocada entre um propenso comprador e um propenso vendedor, com razoável conhecimento de ambos e inexistindo compulsão para compra ou venda por um ou por ambos; e b) o valor dos ativos deve ser avaliado em referência aos preços de mercado sob condições de liquidação ordenada, ou de "equivalentes correntes de caixa", ou seja, não deve ser considerado o valor de liquidação em condições de venda forçada, a qualquer custo".

[35] "Mais uma vez, vale lembrar que um dos primeiro ativos que passou a ser avaliado pelo valor justo foi a moeda estrangeira. Nesse sentido, o artigo 30 da Medida Provisória nº 2.158-35/2001 estabelece que a variação cambial é tributada para fins de IRPJ, CSL. PIS e Cofins somente quando da liquidação da operação de câmbio, isto é pelo regime de caixa, sendo que o parágrafo 1º do referido artigo possibilitou que o contribuinte pudesse optar pela tributação da variação cambial pelo regime de competência." Pinto; Alexandre Evaristo. A Avaliação a Valor Justo e a Disponibilidade Econômica de Renda. CONTROVÉRSIAS JURÍDICO-CONTÁBEIS (Aproximações e Distanciamentos). 6º Volume. Dialética.

"Valor justo (fair value) – é o valor pelo qual um ativo pode ser negociado, ou um passivo liquidado, entre partes interessadas, conhecedoras do negócio e independentes entre si, **com a ausência de fatores que pressionem para a liquidação da transação ou que caracterizem uma transação compulsória**".

– Grifos não constantes do texto original –

Em momento seguinte, o Pronunciamento nº 46, item 24, trouxe a seguinte redação:

"Valor justo é o preço que seria recebido pela venda de um ativo ou pago pela transferência de um passivo em uma transação não forçada no mercado principal (ou mais vantajoso) **na data de mensuração nas condições atuais de mercado** (ou seja, um preço de saída), independentemente de esse preço ser diretamente observável ou estimado utilizando-se outra técnica de avaliação."

– Grifos não constantes do texto original –

A segunda definição é voltada à ideia de preço de saída. Nas duas oportunidades, as orientações procuravam remeter o intérprete aos valores próximos daqueles obtidos em adequadas condições de mercado, comparativamente àquelas outras transações igualmente observáveis. William A. Hanlin Jr. e Richard Claywell[36] nos ensinam que o conceito de "abordagem de mercado oferece o valor justo diretamente, pois, se baseia em transações consumadas de forma normal em um mercado aberto entre compradores e vendedores interessados, mas essa certeza está aberta ao debate".

Os comentários daqueles Autores nos fazem crer que o impacto proveniente de fatores diversos e incomuns, deve ser, sempre que possível, desconsiderado, sendo o mesmo conceito cabível para efeito de avaliação de investimentos a partir dos respectivos ativos líquidos. Por exemplo, se a avaliação incluir um montante relevante de um estoque sujeito a cotações internacionais

---

[36] Catty, James P. *In* "IFRS – GUIA DE APLICAÇÃO DO VALOR JUSTO", p. 48, "A abordagem de Mercado"; tradução: Francisco Araújo da Costa, Leonardo Zilio, revisão técnica: André Luís Martinewski; supervisão Ana Cristina França de Souza; Porto Alegre, Bookman, 2013.

(é o caso de uma *commodity*) e/ou se a negociação regular desse estoque exerce forte influência sobre a base para a projeção de resultados, é possível que o valor justo a ser considerado seja melhor representado pelo valor da cotação baseada em um cenário próximo da estabilidade de mercado, ainda que momentaneamente a realidade esteja afetada por fatores diversos. Essa concepção tem a finalidade de evitar distorções em razão de comportamentos circunstanciais de mercado.

Exemplo: considerando a avaliação influenciada pelo valor justo do estoque de uma *commodity*:

Ref.	Descrição	Vlr. (em milhões)
1	Vlr. contábil do estoque	25.000
2	Vlr. de cotação no momento da aquisição[1]	37.000
3	Vlr. de cotação esperado após estabilização	31.000

[1] Vlr. hipoteticamente influenciado por um fator momentâneo

Para o exemplo acima, o cenário "3", seria o mais indicado para refletir o valor justo daquele ativo, na medida em que apresenta maior probabilidade de ser reproduzido em momentos seguintes ao da data base de avaliação. A escolha e adoção de um, dentre os três cenários apontados no exemplo, produz, por consequência, resultados distintos para efeito de mensuração e desdobramento da participação adquirida, no momento do reconhecimento inicial.

Outras situações que merecem adequada ponderação podem ser verificadas em casos de transferência de ativos por força de determinação legal-regulatória. Como exemplo, consideremos os casos de concentração econômica que tenham sido, em caráter resolutório, rechaçados por autoridade reguladora, a exemplo do Conselho Administrativo de Defesa Econômica (CADE). Em algumas decisões daquele Órgão já houve determinação, dentre outras, de venda compulsória de ativos em momento posterior à aquisição de participações. Essas vendas podem abranger desde pontos comerciais até mesmo participações societárias.

Um cenário possível de ser vislumbrado em tais situações é que o valor de transferência desses ativos, verificado em um mercado principal, pode vir a ser diverso daquele que serviu de base para a sua transferência, eis que nesses casos a transação teria sido forçada. Logo, a melhor base para avaliação dos ativos por parte do adquirente tende a ser aquela obtida em outras transações regulares no mercado.

Temos que esse raciocínio não deve ser aplicado aos casos de infraestrutura recebida por concessionário e vinculada à execução de contrato firmado com a administração pública, cujos custos tenham sido suportados por um terceiro diverso do titular da concessão, situação em que a infraestrutura é compulsoriamente transferida para aquele que será o responsável pela sua operação e posterior reversão ao poder concedente, ao final da concessão. Essa afirmação se deve ao fato de que para o concessionário inexiste a possibilidade de recuperação econômica sobre tais ativos, além do que, a transferência não está associada a qualquer tipo de transação, perfazendo mera imposição legal-regulatória[37].

No campo tributário o valor justo recebe um tratamento próprio, em que os seus reflexos fiscais são percebidos para efeito de determinação das bases imponíveis do IRPJ/CSLL e PIS/COFINS, em função da efetiva realização econômica.

Em que pese haver divergências doutrinárias quanto ao conceito de renda e as suas limitações[38], é possível afirmar que as atuais disposições legais impõem certa convergência entre os critérios que orientam a realização econômica das contrapartidas de valor justo e a determinação das bases para incidência dos tributos sobre a renda. Isto porque o reconhecimento do valor justo em contrapartida do resultado de cada período, nas hipóteses cabíveis, é um

---

[37] Como exemplo, pode ser citado o caso da construção do gasoduto denominado "Caruaru--Belo Jardim", cujo modelo proposto pela Agência Reguladora local (ARPE) foi o de participação financeira por parte de terceiros interessados, por meio da Resolução ARPE nº 93/14. Naquele modelo, o concessionário, face à disposição regulatória, esteve impedido de reclamar qualquer revisão tarifária por conta da construção da infraestrutura, a qual teria sido suportada por terceiros, e, portanto, sem possibilidade jurídica de retorno econômico sobre os ativos recebidos, na medida em que nenhum impacto de ordem econômica ou patrimonial, no referido caso, seria capaz de legitimar qualquer proposição de recomposição tarifária. Logo, os pressupostos para atribuição de valor justo não se encontravam presentes.
[38] Machado; Hugo de Brito, Curso de Direito Tributário, 36ª Edição, Saraiva.

evento que preenche os requisitos de aquisição da disponibilidade econômica ou jurídica[39]. Por exemplo, a contrapartida do valor justo de um instrumento financeiro, contratado no mercado de liquidação futura, deve ter como fundamento para o seu reconhecimento a existência de adequadas estimativas para a data-base de apuração da demonstração, além da possibilidade jurídica de realização. Logo, haveria disponibilidade econômica sob esse prisma.

Por outro lado, o art. 32[40], da Lei nº 11.051, de 29.12.04, já havia estabelecido que tais impactos somente devem ser computados nas bases fiscais por ocasião da liquidação do contrato, cessão ou encerramento da posição.

Veja, portanto, que uma posição que indique perda ao final de um determinado período de apuração, reduz o lucro da pessoa jurídica. Mas, essa perda seria momentaneamente adicionada de modo a produzir um resultado ajustado para efeitos fiscais.

Essa também é a racional adotada em relação às contrapartidas de valor justo derivadas de fusões e aquisições, cujos efeitos fiscais estão condicionados a eventos específicos, como será comentado adiante.

2.3. Reconhecimento Inicial de Participações

Anteriormente à adoção das regras internacionais, o critério para o reconhecimento inicial de participações societárias consistia, basicamente, na comparação entre o valor de custo (aquisição) e a sua correspondência sobre o patrimônio líquido da sociedade investida, considerando a data-base da aquisição.

Essa metodologia, que era bastante simples, além de gerar distorções, permitia que o desdobramento do próprio custo ocorresse de forma arbitrária, na medida em que a alocação do valor da contraprestação poderia ficar sujeita à conveniência da administração de cada entidade. A ausência de um critério

---

[39] Código Tributário Nacional (CTN), art. 43.
[40] Lei nº 11.051, de 29.12.04, art. 32: "Para efeito de determinação da base de cálculo do imposto de renda das pessoas jurídicas e da contribuição social sobre o lucro líquido, da Contribuição para o Financiamento da Seguridade Social – Cofins e da Contribuição para o PIS/Pasep, os resultados positivos ou negativos incorridos nas operações realizadas em mercados de liquidação futura, inclusive os sujeitos a ajustes de posições, serão reconhecidos por ocasião da liquidação do contrato, cessão ou encerramento da posição.".

objetivo permitia que a maior parcela da diferença entre o custo e o valor de patrimônio líquido pudesse ser arbitrariamente alocada como *goodwill*, uma decisão que, invariavelmente, tinha o fito de garantir maior celeridade na realização dos seus efeitos fiscais.

Temos que essa conveniência não é mais possível no âmbito das regras atuais, onde se estabelece a prevalência do valor justo, tanto para efeito societário quanto fiscal. Esse critério tende a restringir o desdobramento do valor do ágio por rentabilidade futura, limitando o seu montante à parcela da contraprestação que não tenha sido atribuída aos ativos líquidos[41] na transação, inclusive intangíveis não registrados em demonstrações financeiras. Por esse conceito, o reconhecimento do *goodwill* tem uma conotação meramente residual.

Essa metodologia de desdobramento é cabível às operações que envolvam a aquisição de ativos que venham a ser qualificados como:

a) Participação em coligadas ou empreendimentos controlados em conjunto;
b) Participação em controladas ou sob controle comum; e
c) Negócios, no sentido estrito do Pronunciamento nº 15 (R1), e para os quais a aquisição tenha redundado em controle.

O Termo "negócios", acima citado, deve ser compreendido como *"um conjunto integrado de atividades e ativos capaz de ser conduzido e gerenciado para gerar retorno, na forma de dividendos, redução de custos ou outros benefícios econômicos, diretamente a seus investidores ou outros proprietários, membros ou participantes.*[42]*"*.

Essa definição nos remete à ideia de que a aquisição de ativos, não vinculados à participação societária, pode ganhar tal qualificação quando os benefícios esperados puderem ser aferidos de modo isolado, ainda que mediante

---

[41] Nos Termos do Pronunciamento nº 15 (R1), do CPC, um ativo é identificável quando ele: (a) for separável, ou seja, capaz de ser separado ou dividido da entidade e vendido, transferido, licenciado, alugado ou trocado, individualmente ou em conjunto com outros ativos e passivos ou contrato relacionado, independentemente da intenção da entidade em fazê-lo; ou (b) surge de um contrato ou de outro direito legal, independentemente de esse direito ser transferível ou separável da entidade e de outros direitos e obrigações.

[42] Pronunciamento nº 15, do CPC, Apêndice A, Glossário de termos utilizados no Pronunciamento

a recuperação de custos. Um indicador que pode servir como referência para qualificar um ativo ou conjunto de ativos, incluindo obrigações assumidas, como "negócio", seria o conceito de unidade geradora de caixa[43], cabível quando os retornos econômicos sobre tais ativos possam ser aferidos de modo individual.

Para as transações que envolvam a aquisição do controle de sociedades e de negócios, entre partes independentes, o Pronunciamento nº 15 (R1), impõe tratamento de maior complexidade para fins de avaliação do investimento, seja no reconhecimento inicial ou em avaliações subsequentes.

Essas transações são denominadas como "combinação de negócios", caracterizadas pela existência, concomitante, dos seguintes elementos[44]: *i*) Aquisição de controle; e *ii*) Partes independentes.

Segundo a definição contida no referido Pronunciamento a expressão combinação de negócios compreende "uma operação ou outro evento por meio do qual um adquirente obtém o controle de um ou mais negócios, independentemente da forma jurídica da operação. Neste Pronunciamento, o termo abrange também as fusões que se dão entre partes independentes (inclusive as conhecidas por *true mergers* ou *merger of equals*[45])".

A aquisição de controle, como elemento necessário à identificação da combinação, surge no momento em que o adquirente, mediante a transferência da sua contraprestação, assume a qualidade de controlador. Para efeito de interpretação e extensão do termo "controle" podemos nos reportar inicialmente às condições definidas pelo art. 243, da LSA, comentado ao início desse tópico, complementado pelas definições extraídas dos Pronunciamentos emitidos

---

[43] De acordo com o Pronunciamento 01 "Redução ao Valor Recuperável", a unidade geradora de caixa é "o menor grupo identificável de ativos que gera entradas de caixa, entradas essas que são em grande parte independentes das entradas de caixa de outros ativos ou outros grupos de ativos.".

[44] Nos termos do Pronunciamento do Comitê de Pronunciamentos Contábeis (CPC) nº 15, as operações societárias que reúnam tais características são conceituadas como *"combinação de negócios"*.

[45] *"a true merger of equals can occur in a merger or a consolidation when both firms play an equal role in deciding how the newly merged firm will be organized. When this happens, the integration process is typically smoother, because there is a greater chance for making the right decisions about the fate of the firms operations and employees. In addition, those decisions will most likely be perceived as fairer when both have an equal opportunity to contribute to the process."* Extraído do "The IABC Handbook of Organizational Communication", p. 161.

pelo CPC. Logo, a combinação de negócios exige a ocorrência de um evento que leve a garantir ao adquirente a preponderância sobre as deliberações sociais na adquirida ou das decisões quando se tratar de um negócio.

No tocante à independência entre as partes, o Pronunciamento (nº 15) não apresenta definições tão assertivas no tocante aos conceitos objetivos para caracterizar a independência entre as partes. Logo, o primeiro elemento que permitiria testar essa condição seria a existência ou não de controle, na forma do art. 243, da LSA, previamente à aquisição da participação societária ou do negócio.

De todo modo, essa aparente lacuna deixada pelo Pronunciamento é preenchida pelas definições contidas no art. 25, da Lei nº 12.973/14, cujas disposições são comentadas com maiores detalhes em tópico próprio. Esse dispositivo considera, além do conceito de sócio ou acionista controlador, outras situações que configuram vínculo entre as partes, sob a ótica societária e a perspectiva de controle.

O prévio enquadramento em quaisquer das hipóteses descritas naquele dispositivo, por configurar dependência de ordem societária, descaracteriza a combinação de negócios, em que pese a participação permaneça qualificada como controlada, com as devidas repercussões jurídicas.

Face esse conceito, o desdobramento do valor contábil no reconhecimento inicial de participações é precedido da identificação dos ativos líquidos e do correspondente valor justo atribuível aos mesmos itens, podendo incluir, conforme já comentado, itens registrados ou não nas demonstrações financeiras da entidade adquirida.

Observadas as condições anteriormente destacadas, o valor do investimento, no reconhecimento inicial, passa a observar a seguinte ordem:

a) "Investimento": valor de patrimônio líquido na época da aquisição, observado o percentual de participação da investidora (comumente denominado "valor de livros"). Essa parcela é ajustada para mais ou para menos, pelos respectivos valores justos dos ativos líquidos, desdobrados no item subsequente (item "b", abaixo);

b) Mais valia e/ou menos valia: determinada com base na diferença entre o valor justo atribuível aos ativos líquidos identificáveis na transação e o correspondente valor patrimonial (item "a", acima). A abrangência desse item, considera os ativos líquidos registrados ou não nas demonstrações financeiras da adquirida, inclusive os ativos intangíveis que atendam ao critério de separação ou ao critério legal-contratual[46]; e

c) "Ágio" por rentabilidade futura (*goodwill*): a diferença entre o valor da contraprestação transferida[47], deduzida de "*a*" e "b", precedentes. Isto é, a parcela da contraprestação não atribuída a qualquer item patrimonial identificável, quando esta for superior ao valor justo dos ativos líquidos.

De plano, pode ser concluído que o reconhecimento do *goodwill*, segundo essa ordem, tem caráter meramente residual, o que não significa como improvável ou inexistente tal desdobramento, porém, o critério estabelecido pode restringir o seu valor em alguns casos. Os procedimentos de avaliação aplicados a cada transação tendem a identificar, segundo a melhor justificativa econômica, todos os ativos líquidos, conforme abaixo esquematizado:

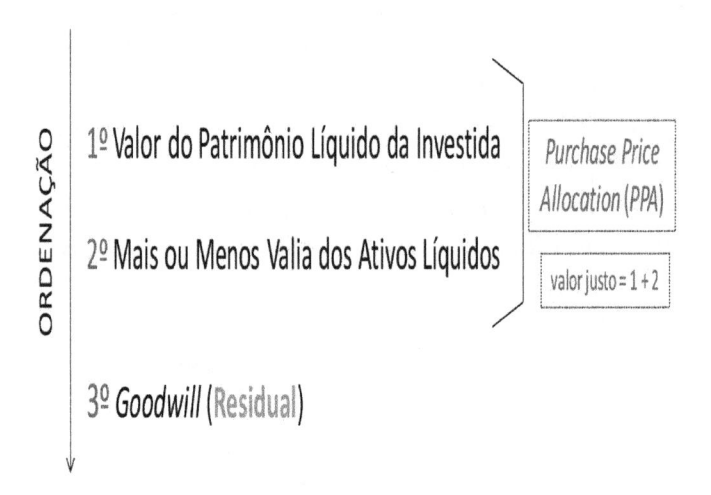

ORDENAÇÃO
1º Valor do Patrimônio Líquido da Investida
2º Mais ou Menos Valia dos Ativos Líquidos
  Purchase Price Allocation (PPA)
  valor justo = 1 + 2
3º Goodwill (Residual)

---

[46] Sobre o assunto, vide o Pronunciamento CPC nº 04.
[47] De acordo com o item 37, do Pronunciamento nº 15, do CPC, as "formas potenciais de contraprestação transferida incluem caixa, outros ativos, um negócio ou uma controlada do adquirente, uma contraprestação contingente, ações ordinárias, ações preferenciais, quotas de capital, opções, opções não padronizadas – warrants, bônus de subscrição e participações em entidades de mútuo (associações, cooperativas etc.)".

Em alguns casos, o valor justo (somatório de "a" e "b") pode superar o montante da contraprestação total transferida pelo adquirente. Quando verificada tal ocorrência, temos por materializada a hipótese de ganho por compra vantajosa. Nesse caso, o correspondente montante apurado será reconhecido diretamente no resultado da adquirente.

Uma primeira diferença prática verificada entre a mensuração inicial de participações em coligadas e controladas em geral, daquelas qualificadas como participações obtidas por meio de combinação de negócios está nos critérios para a realização dos exames de redução ao valor recuperável. Isto porque, segundo as orientações das práticas atuais, o valor desdobrado com *goodwill* (item "c", precedente), quando vinculado à participação qualificada como coligada ou no caso de controlada que não atenda aos critérios de combinação de negócios, deve ser registrado e mantido no mesmo grupo do item "b" (valor justo), e, conjuntamente, submetido ao teste de *impairmente*[48].

No caso das aquisições de participações ou negócios que atendam aos critérios de combinação de negócios, o valor desdobrado como *goodwill* deverá ser destacado nos registros da Adquirente, e sujeito a exame individual de redução ao valor recuperável (*impairment*).

Buscando ilustrar os comentários anteriores, consideremos, inicialmente, a seguinte situação, sob a premissa de uma transação qualificada como combinação de negócios, isto é, aquisição de controle e partes independentes (valores expressos em milhares):

Valor da contraprestação	1.500
Valor de patrimônio líquido, correspondente ao % da participação adquirida	900
Mais Valia dos ativos líquidos, % da participação adquirida	450

---

[48] Vide item 41, do Pronunciamento 18 (R2), emitido pelo CPC.

Assumindo que esta transação resulte na transferência de **controle** envolvendo partes independentes, o valor contábil apurado seria desdobrado na forma abaixo:

Vlr. de Patrimônio Líquido: % correspondente à participação adquirida	900
Vlr. da Mais Valia	450
Valor total dos ativos líquidos	1.350
Valor da Contraprestação	1.500
Ágio a ser desdobrado	150

No exemplo demonstrado, o valor justo está integralmente contido no montante da contraprestação, sugerindo que o ágio (*goodwill*) no montante de $150 se refere a uma parcela dessa contraprestação que não é vinculada aos elementos componentes dos ativos líquidos, já considerados os seus correspondentes valores justos[49].

Conceitualmente, a aferição dos valores justos para cada elemento patrimonial tem o condão de atribuir ou distribuir o impacto que cada um desses itens impõe à precificação da transação que envolva a transferência de participações em um determinado negócio. Esse conceito se afigura bastante lógico, na medida em que a decisão para a realização de uma aquisição ou mesmo de uma fusão pode estar diretamente associada à relevância de determinado ativo ou conjunto de ativos, exercendo esse (s) item (s) uma forte influência nas condições de negociação.

---

[49] O Pronunciamento nº 46, emitido pelo CPC, conceitua o valor justo como "o preço que seria recebido pela venda de um ativo ou que seria pago pela transferência de um passivo em uma transação não forçada entre participantes do mercado na data de mensuração".

Embora as orientações contidas nos pronunciamentos atuais não destaquem de modo preciso um método a ser adotado, é bastante razoável supor que a distribuição dos valores justos apurados deva observar o grau de relevância dos ativos, seja no negócio transacionado ou mesmo pelas características das atividades que são desenvolvidas.

Por exemplo, na hipótese de aquisição do controle de uma sociedade detentora da outorga de exploração de um serviço de comunicação, assumindo que o direito que é objeto da concessão é uma condição essencial para a concretização das operações, seria natural concluir que a avaliação efetuada tenha maior foco sobre esse mesmo ativo, em que pese à existência de outros elementos patrimoniais identificáveis.

Esse ativo, dentre outros, poderia ser mensurado pelo montante mais próximo que seria obtido em uma eventual negociação ou pelo valor dos fluxos de caixa que o mesmo poderia proporcionar, considerando as metodologias de cálculo aceitáveis pelo mercado.

O valor justo nesse caso, assim como em outras situações, tende a ser diverso do seu respectivo valor contábil, cuja diferença deveria compor a mais valia do investimento (quando o valor justo é superior ao paradigma contábil) ou menos valia, se o valor justo for inferior ao contábil.

Ainda que a característica de cada negócio ou atividade venha redundar maior ou menor importância de um determinado ativo ou passivo, é certo, porém, que em todos os casos, a identificação do valor justo desses ativos líquidos é, necessariamente, precedente à possibilidade de desdobramento do *goodwill*; este último, sempre em caráter residual.

As diferenças apuradas como mais valia ou menos valia, face ao valor justo dos ativos líquidos, serão periodicamente ajustadas em função da movimentação dos correspondentes saldos contábeis controlados pela investida, especialmente em relação às aquisições qualificadas como combinação de negócios. Então, realizações decorrentes de amortizações, depreciações e baixas a qualquer título, serão refletidas em igual proporção nos saldos de mais valia ou menos valia.

Portanto, a demonstração dos critérios considerados para alocação do valor da contraprestação é essencial, de modo a descaracterizar qualquer arbitrariedade em um eventual desdobramento de ágio, principalmente em razão das suas consequências fiscais.

Pelas mesmas razões, é possível que discussões jurídicas no âmbito tributário redundem de inconsistências no que diz respeito ao desdobramento do *goodwill*, principalmente para aqueles casos em que a ausência de fundamento razoável na avaliação produzida ou a precariedade dos seus resultados revele indícios de arbitrariedade. Temos que um protocolo, validado por entidades independentes de mercado, e que permita estabelecer um parâmetro a ser seguido poderia servir de orientação ou paradigma, ainda que as suas conclusões não sejam absolutas, porém, periodicamente revistas de modo a refletir a realidade dos mercados em cada período.

Estudos preliminares realizados por empresas internacionais de auditoria independente, dão conta que a participação de intangíveis em operações de combinação de negócios realizadas no mercado brasileiro podem apresentar variações significativas, a depender do setor e/ou segmento das empresas envolvidas, de modo que o valor residual do *goodwill* pode se situar na faixa de 40%[50], no caso de atividades industriais, por exemplo, além de outras variações significativas, para mais ou para menos em outros setores. A confirmação segura dessas informações ainda apresenta muitas restrições no mercado brasileiro, face a limitação de publicações e divulgações por parte das empresas que não possuem valores negociados no mercado aberto. Contudo, estudos dessa natureza serão sempre bem-vindos, e a sua continuidade deve ser incentivada para maior amadurecimento do tema no futuro.

O valor do *goodwill*, quando desdobrado, deve ser alocado em rubrica contábil específica, vinculado ao grupo de intangíveis e submetido ao exame periódico de recuperação econômica, cujos parâmetros para avaliação e confirmação são fornecidos pelo Pronunciamento 01[51], do CPC, que trata dos critérios para determinação do Valor Recuperável de Ativos. Segundo essa orientação, o valor recuperável de um ativo ou de uma unidade geradora de caixa é o maior montante entre o seu valor justo líquido de despesa de venda e o seu valor em uso.

---

[50] Informação extraída a partir de estudos preliminares divulgados pela área de *Financial Advisory Services*, da MAZARS do Brasil.
[51] Vide itens 65 e 108, ambos do citado Pronunciamento nº 01.

Não obstante a obrigatoriedade quanto ao exame periódico de realização econômica para os saldos desdobrados à este título (ágio), a sua amortização contábil não é cabível, ainda que admitida por exceção e em certas condições[52].

Como se verifica pelos comentários até aqui consignados, o reconhecimento do ágio deve ser uma consequência da impossibilidade de alocação de parcelas do valor da contraprestação, na medida em que a identificação do valor justo dos ativos líquidos será, necessariamente precedente.

Ratificando o comentário inicial, não se trata de mera conveniência pela alocação do valor da contraprestação, cuja distribuição do valor da contraprestação terá sempre como preferência a mensuração do valor justo dos ativos líquidos.

Procedimento especial deve ser observado no caso de aquisição de participações qualificadas como coligadas e/ou empreendimentos controlados em conjunto. Como já antecipado em tópico anterior, os valores desdobrados como mais valia ou menos valia e o *goodwill* reconhecido, devem ser submetidos ao teste de *impairment* em conjunto.

Em alguns casos, a diferença apurada entre o montante da contraprestação transferida e o valor justo dos ativos líquidos, pode resultar em valor positivo, revelando um eventual ganho por compra vantajosa (outrora, denominado como "deságio").

Esse ganho pode, em muitos casos, ser uma decorrência do excesso de valor justo dos ativos líquidos identificados, quando os seus montantes se apresentam significativamente apreciados em face dos correspondentes saldos contábeis.

De notar que se trata de uma parcela da contrapartida do desdobramento do valor da participação adquirida e que tem realização imediata no resultado do período em que ocorreu a transação[53]. Ilustrando essa situação, teríamos a seguinte apuração:

---

[52] Vide artigo 183, §2º, da LSA e Pronunciamento CPC 01.
[53] Anteriormente à adoção das regras do IFRS, o referido ganho era mantido em rubrica contábil retificadora ou, na hipótese de incorporação, no extinto grupo "resultados de exercícios futuros", que deixou de ser contemplado a partir das alterações produzidas pela Lei nº 11.638/07.

Valor da contraprestação	1.500
Valor de patrimônio líquido, correspondente ao % da participação adquirida	1.100
Mais Valia dos ativos líquidos, % da participação adquirida	800

A conciliação contábil das informações ilustradas traria os seguintes efeitos:

Vlr. de Patrimônio Líquido: % correspondente à participação adquirida	1.100
Mais Valia dos ativos líquidos, % da participação adquirida	800
Subtotal	1.900
Valor da Contraprestação	1.500
Ganho por compra vantajosa a ser reconhecido no resultado do período	400

O montante de $400 (acima), hipoteticamente, representaria a vantagem obtida na aquisição dos ativos líquidos, os quais, avaliados pelos seus respectivos valores justos, superaram o valor da contraprestação efetuada pelo adquirente. Se trata, portanto, de uma hipótese em que o ganho obtido pelo adquirente tem origem na apreciação do valor dos ativos líquidos, ou excesso de valor justo atribuído, segundo as premissas adotadas para a avaliação da transação.

Nessa fase, a diferença verificada entre o valor contábil dos bens e o respectivo valor justo, não é objeto de reconhecimento por parte da entidade adquirida, eis que não há qualquer evento capaz de produzir impacto sobre o patrimônio desta. Portanto, esses valores devem servir, unicamente, para suportar o critério de desdobramento da participação por parte do adquirente.

Como se verá em capítulos subsequentes, esse critério, que leva em consideração a prevalência do valor justo para fins de avaliação e desdobramento em aquisições tem consequências no campo tributário, em especial no tocante à determinação das bases imponíveis do Imposto de Renda de Pessoa Jurídica (IRPJ) e da Contribuição Social sobre o Lucro Líquido (CSLL).

A esse respeito, o art. 20, do Decreto-Lei (DL) nº 1.598, de 26.12.77, na redação que lhe é conferida pelo art. 2º, da Lei nº 12.973, de 13.05.14, não só, reconhece a existência da ordem de preferência em comento, como também exige a sua observância para as devidas repercussões de ordem tributária, como se verifica, abaixo:

> "Art. 20. O contribuinte que avaliar investimento pelo valor de patrimônio líquido deverá, por ocasião da aquisição da participação, desdobrar o custo de aquisição em:
>
> I – valor de patrimônio líquido na época da aquisição (...); e
>
> II – mais ou menos-valia, que corresponde à diferença entre o valor justo dos ativos líquidos da investida, na proporção da porcentagem da participação adquirida, e o valor de que trata o inciso I do **caput**; e
>
> III – ágio por rentabilidade futura (**goodwill**), que corresponde à diferença entre o custo de aquisição do investimento e o somatório dos valores de que tratam os incisos I e II do **caput**.
>
> (...)
>
> § 3º O valor de que trata o inciso II do **caput** deverá ser baseado em laudo elaborado por perito independente que deverá ser protocolado na Secretaria da Receita Federal do Brasil ou cujo sumário deverá ser registrado em Cartório de Registro de Títulos e Documentos, até o último dia útil do 13º (décimo terceiro) mês subsequente ao da aquisição da participação.
>
> (...)
>
> § 5º **A aquisição de participação societária sujeita à avaliação pelo valor do patrimônio líquido exige o reconhecimento e a mensuração.**
>
> I – **primeiramente, dos ativos identificáveis adquiridos e dos passivos assumidos a valor justo**; e

II – **posteriormente, do ágio** por rentabilidade futura (**goodwill**) ou do ganho proveniente de compra vantajosa.

– grifos não constantes do texto original –

A não observância dessa ordem de preferência, pode resultar em restrições no tocante aos efeitos fiscais, que decorrem da realização de parcelas do valor da contraprestação vinculadas à participação adquirida, na medida em que se trata de uma imposição legal.

Além da exigência de tais critérios, os valores desdobrados a partir da aquisição do investimento devem estar apoiados em adequado estudo, com a indicação da metodologia que lastreia o valor justo atribuído aos itens patrimoniais, e, quando for o caso, do *goodwill* ou do ganho por compra vantajosa. Esse estudo compõe o *Purchase Price Allocation* (*PPA*), mediante o qual os ativos líquidos são devidamente identificados.

Em que pese a técnica que é aplicável para produção desse estudo econômico, as disposições legais exigem o cumprimento de formalidades para a apresentação do *PPA*, de modo suportar o tratamento fiscal que venha a ser dispensado pelo contribuinte. Essas formalidades estão descritas e comentadas em tópico próprio desta Obra.

2.4. Período de Mensuração ou Maturidade

É bastante razoável se esperar que o desdobramento da participação venha a sofrer eventuais ajustes ou revisões após o reconhecimento inicial. Essas alterações podem decorrer do conhecimento de novas informações obtidas a *posteriori* e que afetem a avaliação por parte do adquirente, ou mesmo da mera revisão de premissas que tenham sido adotadas em uma primeira oportunidade e que podem ou não terem sido confirmadas, alterando os valores mensurados.

Logo, deve ser considerada a existência de um intervalo entre o evento de aquisição da participação e a maturação das informações conhecidas e obtidas, necessárias a confirmar e adequar a avaliação efetuada. Esse período é denominado como "período de mensuração", durante o qual, novos fatos podem se consolidar a ponto de influenciar os critérios adotados. Durante esse intervalo os valores reconhecidos teriam caráter provisório, sendo confirmados após esse lapso temporal.

A data de aquisição será aquela em que o controle[54] do negócio é obtido pelo adquirente. Em certos casos, podem ocorrer ajustes do valor justo da contraprestação, inclusive por eventos pretéritos à data de aquisição e que podem ou não se reportar ao período de mensuração. A revisão deve se restringir aos ajustes atribuíveis a este período (ver o capítulo 4.6 "Contraprestação Contingente").

As situações que permitem a revisão dos saldos reconhecidos são objeto de orientações pelo Pronunciamento nº 15, o qual, a partir do item 45, prevê:

> "45. Quando a contabilização inicial de uma combinação de negócios estiver incompleta ao término do período de reporte em que a combinação ocorrer, o adquirente deve, em suas demonstrações contábeis, reportar os valores provisórios para os itens cuja contabilização estiver incompleta. **Durante o período de mensuração, o adquirente deve ajustar retrospectivamente os valores provisórios reconhecidos na data da aquisição para refletir qualquer nova informação obtida relativa a fatos e circunstâncias existentes na data da aquisição**, a qual, se conhecida naquela data, teria afetado a mensuração dos valores reconhecidos. Durante o período de mensuração, o adquirente também deve reconhecer adicionalmente ativos ou passivos, quando nova informação for obtida acerca de fatos e circunstâncias existentes na data da aquisição, a qual, se conhecida naquela data, teria resultado no reconhecimento desses ativos e passivos naquela data. **O período de mensuração termina assim que o adquirente obtiver as informações que buscava sobre fatos e circunstâncias existentes na data da aquisição, ou quando ele concluir que mais informações não podem ser obtidas. Contudo, o período de mensuração não pode exceder a um ano da data da aquisição.**
> 46. **O período de mensuração é o período que se segue à data da aquisição, durante o qual o adquirente pode ajustar os valores provisórios reconhecidos para uma combinação de negócios**. O período de mensuração fornece um tempo razoável para que o adquirente obtenha as informações necessárias para identificar e

---

[54] "Apêndice A – Glossário de termos utilizados no Pronunciamento" nº 15 (R1), do CPC.

mensurar, na data da aquisição, e de acordo com este Pronunciamento, os seguintes itens:
(a) os ativos identificáveis adquiridos, os passivos assumidos e qualquer participação de não controladores na adquirida;
(b) a contraprestação transferida pelo controle da adquirida (ou outro montante utilizado na mensuração do ágio por expectativa de rentabilidade futura – goodwill);
(c) no caso de combinação de negócios realizada em estágios, a participação detida pelo adquirente na adquirida imediatamente antes da combinação; e
(d) o ágio por expectativa de rentabilidade futura (goodwill) ou o ganho por compra vantajosa.
(...)"

– grifos não constantes do texto original –

Os ajustes admitidos em tais condições e dentro do período de mensuração, têm efeito retrospectivo, o que também importa em revisão dos correspondentes efeitos tributários que seriam futuramente refletidos nas bases fiscais da entidade adquirente.

As orientações constantes do item 45, *in fine*, consideram como término do período de mensuração o momento de obtenção de todas as informações necessárias sobre fatos e circunstâncias identificadas na data de aquisição ("O período de mensuração termina assim que o adquirente obtiver as informações que buscava sobre fatos e circunstâncias existentes na data da aquisição..."), o que daria conta de um período inicialmente indefinido, eis que eventos associados a contingências derivadas de discussões jurídicas podem ter o seu deslinde ao final de um longo prazo, o qual foge ao domínio das partes envolvidas.

Face esse aspecto, é estabelecido um limite para adoção do procedimento revisional da mensuração, sendo considerado o prazo de até um ano, contado da data de aquisição ou a primeira publicação seguinte a este evento, momento em que se presume alcançada a maturidade dos desdobramentos e dos registros derivados do reconhecimento inicial da participação.

De um modo geral, fatos posteriores à aquisição e desvinculados aos ativos líquidos reconhecidos não devem ser considerados para efeito da revisão e ajuste dos valores provisórios. Mas, quando se tratam de eventos que resultem em alteração de premissas anteriormente tomadas como base, a revisão passa a ser recomendável.

Por exemplo, podemos admitir uma situação em que o custo médio do estoque de determinado item na adquirida tenha sido avaliado ao valor justo de $25,50, enquanto o valor contábil seria $ 14,20. No entanto, durante o período de mensuração a realização desses itens atingiu o valor médio de $21,00, levantando um forte indício de que o valor justo atribuído provisoriamente por ocasião do reconhecimento inicial deva ser objeto de revisão, posto que as premissas iniciais não teriam se confirmado para aquela hipótese em concreto.

Os ajustes efetuados, de acordo com esses critérios, devem ter como contrapartida o valor do *goodwill* que tenha sido desdobrado, representando aumento ou redução desse saldo, a depender do produto final dessas variações. De tal sorte que, quando houver redução do valor justo dos ativos líquidos[55] a contrapartida do somatório será refletida por aumento do *goodwill* inicialmente desdobrado, ao passo que, em sentido inverso, qual seja, havendo aumento dos ativos líquidos, haverá diminuição do *goodwill*.

Vejamos a simulação, de acordo com o quadro, abaixo:

1ª Hipótese: Redução do valor justo dos ativos líquidos e aumento do *goodwill*, após a revisão dos saldos:

descrição	saldo provisório	saldo revisado
Valor justo dos ativos	95.500	94.000
Valor justo dos passivos	(37.200)	(38.500)
Valor justo dos ativos líquidos	58.300	55.500
Valor da contraprestação	80.000	80.000
Ágio (goodwill)	21.700	24.500

---

[55] Resultante, por exemplo, da diminuição do valor dos ativos e/ou aumento de passivos, de forma que a diferença entre os dois eventos seja negativa.

2ª Hipótese: Aumento do valor justo dos ativos líquidos e redução do *goodwill*, após a revisão dos saldos:

descrição	saldo provisório	saldo revisado
Valor justo dos ativos	95.500	98.000
Valor justo dos passivos	(37.200)	(36.000)
Valor justo dos ativos líquidos	58.300	62.000
Valor da contraprestação	80.000	80.000
Ágio (goodwill)	21.700	18.000

Para os eventos verificados após o período de mensuração, os ajustes passam a ser admitidos de forma taxativa, de acordo com o item 50[56] (Pronunciamento nº 15), sendo cabíveis somente quando se reportarem a "erros". Nesse caso, a revisão deve observar os procedimentos definidos pelo Pronunciamento nº 23, do CPC, o qual versa sobre "Políticas Contábeis, Mudança de Estimativa e Retificação de Erro".

Para os demais eventos, verificados após o período de mensuração **e não relacionados a "erros"**, os ajustes dos saldos do valor justo dos ativos líquidos são passíveis de reconhecimento diretamente no resultado do exercício corrente, inclusive com eventuais consequências de ordem tributária, o que reforça a necessidade de revisão dos saldos antes da primeira publicação seguinte à obtenção do controle.

Em determinados cenários, os ajustes derivados de fatos posteriores ao período de mensuração podem ter impactos relevantes, não somente de ordem patrimonial como também fiscal, como nos casos que se reportam aos ajustes de passivos contingentes reconhecidos em combinação de negócios, como se verá adiante demonstrado nas simulações apresentadas em tópico próprio.

---

[56] Pronunciamento nº 15 (R1) "50. Após o encerramento do período de mensuração, o adquirente deve revisar os registros contábeis da combinação de negócios somente para corrigir erros, em conformidade com o disposto no Pronunciamento Técnico CPC 23 – Políticas Contábeis, Mudança de Estimativa e Retificação de Erro.".

2.5 Considerações Sobre o Laudo de Avaliação

O art. 20, §3º, da Lei nº 12.973/14, exige a elaboração de laudo de avaliação[57] (*Purchase Price Allocation*) para efeito de demonstração do desdobramento da participação societária, determinando, ainda, o seu devido arquivamento junto à Receita Federal do Brasil[58] (RFB), ou, alternativamente, em cartório de registro de títulos e documentos, tendo como prazo limite o último dia útil do décimo terceiro mês subsequente ao da aquisição da participação.

Nos casos de arquivamento em cartório, caberá o registro do respectivo sumário, contendo, no mínimo:

a) Qualificação da adquirente, alienante e adquirida;
b) Data da aquisição;
c) Percentual adquirido do capital votante e do capital total;
d) Motivações e descrição da transação, incluindo potenciais direitos de voto;
e) Discriminação e valor justo dos itens que compõem a contraprestação total transferida;
f) Relação individualizada dos ativos identificáveis adquiridos e dos passivos assumidos com os respectivos valores contábeis e valores justos;
g) Identificação e assinatura do perito independente e do responsável pelo adquirente.

A não observância dessas formalidades implica em prejuízo a eventual dedutibilidade de valores derivados do desdobramento da participação adquirida.

---

[57] O Conselho Federal de Contabilidade (CFC) emitiu a Resolução nº 20 (R1), com o objetivo de disciplinar a produção de laudo de avaliação, emitido por auditor independente. Essa Resolução não trata o tema "combinação de negócios" de modo específico, contudo, estabelece algumas formalidades a ser observadas.

[58] De acordo com o artigo 178, da Instrução Normativa RFB nº 1.700, de 14.03.17, o protocolo do laudo junto à Receita Federal do Brasil ocorrerá com o envio do seu inteiro teor, por meio de processo eletrônico no prazo legal para a sua apresentação. Esse procedimento dispensa o eventual registro em cartório. Consulta também o **Manual ECF,** Anexo ao Ato Declaratório Executivo Cofis nº 30/2017, com indicação do *"Registro Y620".*

Embora as regras fiscais imponham formalidades que devam ser observadas para a produção do laudo de avaliação, sob prejuízo da realização dos efeitos fiscais, temos que a sua elaboração é um requisito, propriamente, de ordem societária (contábil), como elemento necessário a justificar os critérios contábeis adotados para alocação e registro dos correspondentes valores. Os efeitos fiscais seriam, então, mera consequência jurídica.

Essa assertiva se aplica inclusive durante o período em que vigorou o Regime Tributário de Transição, instituído pela Lei nº 11.941/09. Logo, não haveria fundamento razoável para sustentar a aplicação de procedimentos fiscais em dissonância com os critérios de alocação do valor contábil do investimento demonstrados em laudo de avaliação. Mesmo porque, se assim o fosse, estaríamos diante de dois laudos, um com a finalidade fiscal e outro contábil, o que se afigura, no mínimo, incongruente. Mesmo porque, a conveniência do contribuinte quanto à eleição do critério para o desdobramento dos valores é uma prática superada no âmbito das regras do IFRS e confirmada pela disciplina fiscal, cujo conceito, conforme diversas vezes aqui mencionado, será sempre o de prevalência do valor justo.

Consideremos que qualquer situação em que se verifique a atribuição arbitrária de valor como *goodwill* deve ser vista com reservas ou não admitida, levando em conta que os procedimentos contábeis adotados e apoiados por meio do *PPA* seriam aqueles que tendem a melhor refletir a realidade dos fatos. Logo, qualquer procedimento para determinação das bases fiscais sem a observância dessa condição seria passível de questionamentos e de pouca sustentação jurídica e econômica.

Em outra análise, há que se ressaltar que a previsão de disciplina específica no tocante às informações mínimas e as demais formalidades cabíveis quando da elaboração e registro do PPA, não constitui fundamento jurídico a permitir arbitrariedades por parte da Fazenda Pública, no sentido de impor conduta mais gravosa quanto às repercussões tributárias derivadas dos critérios para o desdobramento da participação, em que pese a ausência de um protocolo mínimo que permita estabelecer algum paradigma quanto a maior ou menor relevância dos itens patrimoniais a serem avaliados, conforme destacado em tópico anterior. Obviamente, qualquer imposição dessa natureza representa clara afronta à estrita legalidade[59], assumindo que as formalidades cabíveis tenham sido adequadamente satisfeitas pelo contribuinte.

Conforme comentado em capítulo anterior, os estudos voltados a produzir tal paradigma ainda não permitem estabelecer uma regra, mas a sua evolução e o aperfeiçoamento de parâmetros serão importantes para conferir maior segurança aos procedimentos adotados pelos contribuintes no futuro, evitando que estes venham a ser submetidos à meras imposições ou discricionariedades de autoridades fiscais. Ainda sobre esse ponto, é salutar que tais estudos, além de preparados e divulgados por participantes do mercado, sem a interferência da autoridade administrativa, sejam revisitados periodicamente de modo a refletir as condições de mercado à cada época.

Por fim, é oportuno ressaltar que a elaboração do PPA deve observar a especificidade de certos eventos, como nos casos em que a aquisição de participações ocorra em mais de uma etapa, operação denominada como "aquisição em estágios".

Nessa modalidade de operação a avaliação formalizada por meio de laudo deverá acompanhar cada estágio da aquisição. A contagem do prazo deve observar o desdobramento de cada evento vinculado à participação adquirida, desde a ocasião em que a participação passa a ser qualificada como coligada, até o momento em que o controle é obtido, em uma transação envolvendo partes independentes. Os aspectos fiscais dessa modalidade de operação serão objeto de análise em capítulo próprio, adiante.

2.6. Realização Econômica das Parcelas Desdobradas

Como visto até o momento, a mensuração da participação adquirida, nos casos em que o investimento seja suscetível de avaliação pelo patrimônio líquido[60], está intimamente ligado a racional adotada para avaliação dos ativos líquidos identificados na transação.

---

[59] Vide artigo 142, do Código Tributário Nacional.
[60] Investimentos qualificados como participações em coligadas ou controladas.

Por oportuno, vale lembrar que, face aos controles fiscais requeridos pela legislação aplicável[61], o desdobramento dos valores justos deve ser acompanhado do devido registro em subcontas, vinculado a cada item patrimonial que tenha servido de base para o cálculo do desdobramento.

Seguindo a mesma lógica, a realização econômica dos valores desdobrados acompanhará a regra adotada para o cômputo dos montantes realizados em cada período vinculado aos ativos líquidos que deram causa ao desdobramento.

Assim, o reconhecimento da depreciação, amortização, exaustão, ou mesmo a alienação e a baixa do ativo correspondente, implica na proporcional realização do valor justo desdobrado por parte do adquirente. Igual tratamento se verifica em relação às liquidações de passivos da adquirida, cujo valor justo tenha sido objeto de desdobramento.

Traduzindo em valores, consideremos as seguintes informações (em milhares), abaixo:

Contraprestação	210.000
Desdobramento no Reconhecimento Inicial	
PL da Adquirida	140.000
Mais Valia de Ativos	50.000
Parcela não alocada (goodwill)	20.000
Total	210.000
Conciliação da Mais Valia	
Imobilizado	20.000
Intangíveis	30.000
Total	50.000

*Hipótese considerando a aquisição equivalente a 100% de participação.

Em seguida, temos as demonstrações financeiras patrimoniais (DFP) resumidas, da adquirida e da adquirente.

---

[61] A adoção do Sistema Público de Escrituração Digital (SPED), juntamente com a Escrituração Contábil Digital (ECD) e a Escrituração Fiscal Digital (EFD), obrigou as pessoas jurídicas brasileiras a adotar controles específicos, de modo a permitir o cruzamento de informações por parte da Administração Fazendária.

Balanço Patrimonial da Empresa "Adquirida"

ATIVO		PASSIVO	
Circulante	**80.000**	**Circulante**	**60.000**
Caixa/Equivalentes	10.000	Fornecedores	60.000
Recebíveis	30.000		
Estoques	40.000		
Não Circulante	**120.000**		
Imobilizado	120.000	**Patrimônio Líquido**	**140.000**
TOTAL do ATIVO	**200.000**	**TOTAL PASSIVO/PL**	**200.000**

Balanço Patrimonial da "Adquirente"

ATIVO		PASSIVO	
Circulante	**30.000**	**Circulante**	**10.000**
Caixa/Equivalentes	30.000	Provisões	10.000
Não Circulante	**210.000**	**Não Circulante**	**80.000**
Controlada Vlr. PL	140.000	Financiamentos	80.000
Controlada Mais Valia	50.000		
Goodwill Controlada	20.000	**Patrimônio Líquido**	**150.000**
TOTAL do ATIVO	**240.000**	**TOTAL PASSIVO/PL**	**240.000**

Consolidado

ATIVO		PASSIVO	
Circulante	**110.000**	**Circulante**	**70.000**
Caixa/Equivalentes	40.000	Fornecedores	60.000
Recebíveis	30.000	Provisões	10.000
Estoques	40.000		
Não Circulante	**190.000**	**Não Circulante**	**80.000**
Imobilizado	140.000	Financiamentos	80.000
Intangíveis	30.000		
Goodwill Controlada	20.000	**Patrimônio Líquido**	**150.000**
TOTAL do ATIVO	**300.000**	**TOTAL PASSIVO/PL**	**300.000**

Conforme já comentado em oportunidade anterior, as diferenças verificadas entre os saldos contábeis (ativos líquidos) e os seus correspondentes valores justos não são objeto de reconhecimento nas demonstrações da Adquirida, mesmo porque, nessa fase não haveria qualquer evento capaz de impactar o patrimônio desta.

Por outro lado, os valores demonstrados de forma consolidada já consideram os mesmos ativos mensurados com base no valor justo, o que permite compreender que essas parcelas serão realizadas (na Adquirente) na mesma proporção verificada no resultado da Adquirida, seja por depreciação, amortização ou baixa a qualquer título. Logo, em uma hipótese envolvendo ativos sujeitos à realização via depreciação, teríamos os seguintes efeitos:

Vlr. Justo do Imobilizado	140.000
% de depreciação	8%
Depreciação (consolidado)	11.200
Conciliação	
Ajuste de Equivalência	9.600
Baixa do Vlr. Justo	1.600
Total	11.200

Nesse exemplo, estamos assumindo que a depreciação do imobilizado é o único evento patrimonial no período. Com isso, teríamos, agora, os seguintes valores na demonstração da Adquirente:

Balanço Patrimonial da "Adquirente"

ATIVO		PASSIVO	
Circulante	**30.000**	**Circulante**	**10.000**
Caixa/Equivalentes	30.000	Provisões	10.000
Não Circulante	**198.800**	**Não Circulante**	**80.000**
Controlada Vlr. PL	130.400	Financiamentos	80.000
Controlada Mais Valia	48.400		
Goodwill Controlada	20.000	**Patrimônio Líquido**	**138.800**
TOTAL do ATIVO	**228.800**	**TOTAL PASSIVO/PL**	**228.800**

Note que uma parcela da mais valia foi baixada, em virtude de realização proporcional do mesmo ativo na Adquirida. Essa baixa não deve produzir efeitos fiscais nesse momento, cabendo à sua adição (em caráter temporário) nas bases do Imposto de Renda de Pessoa Jurídica (IRPJ) e Contribuição Social sobre o Lucro Líquido (CSLL).

Quanto à parcela destacada como *goodwill*, lembramos, novamente, que o respectivo montante, em regra, não é passível de amortização. Contudo, havendo indicação de perdas apuradas em cada período por redução ao valor recuperável (*impairment*), a correspondente redução deverá ser reconhecida, mas, sem efeito fiscal imediato.

Dessa forma, os montantes baixados em cada período, relativamente ao desdobramento do valor da participação somente produzem efeitos fiscais quando essas baixas estiverem associadas à satisfação de outras condições jurídicas, o que será abordado adiante.

Capítulo 3
Disciplina Fiscal Aplicável

3.1. Realização Fiscal das Parcelas Desdobradas no Reconhecimento Inicial

A primeira questão colocada sobre o tema diz respeito à possibilidade de dedução de valores derivados do desdobramento da participação por ocasião do reconhecimento inicial, para efeito de determinação das bases imponíveis do Imposto de Renda de Pessoa Jurídica (IRPJ) e da Base de cálculo da Contribuição Social sobre o Lucro (CSLL)[62], no âmbito das regras previstas na Lei nº 12.973/14, considerando as situações de enquadramento no lucro real, enquanto regime de apuração dos referidos tributos.

Um simples questionamento quanto à dedutibilidade do valor justo ou do *goodwill*, desdobrado a partir da mensuração inicial das participações adquiridas, sugere uma resposta objetiva e positiva (no sentido de se admitir a dedutibilidade), assim como deve ser igualmente afirmado que o desdobramento que resulte no reconhecimento de ganhos, na hipótese de compra vantajosa, será tributável para efeito do IRPJ e da CSLL.

---

[62] Em períodos pretéritos, quando a amortização contábil do ágio desdobrado era admitida, havia discussão jurídica quanto à dedutibilidade de tais amortizações na base de cálculo da CSLL, face à ausência de restrição legal para tal dedução. Esse aspecto não é enfrentado diretamente nessa obra, eis que o tratamento fiscal cabível para ambos (IRPJ e CSLL) foi expressamente unificado pela Lei nº 12.973/14, sobre a qual se fundam os comentários consignados.

Mas, tanto a dedutibilidade fiscal dessas parcelas quanto a eventual tributação dos ganhos, estão condicionados à ocorrência de eventos legalmente tipificados e que caracterizam a sua realização para os devidos efeitos tributários.

Importa afirmar, também, que a mera movimentação dos saldos contábeis, em razão da realização dos ativos líquidos pela adquirida (e que influenciaram a mensuração da participação), de *per si*, não é suficiente para produzir efeitos tributários, cabendo, pois, o ajuste das bases fiscais, via adição ou exclusão, dos correspondentes reflexos que tenham impactado o resultado da pessoa jurídica adquirente.

As regras fiscais aplicáveis ao tema consideram a ocorrência dos seguintes eventos, para fins de dedutibilidade dos valores desdobrados (ou tributação do ganho):

Alienação[63] da participação adquirida;
Liquidação do investimento; e
Absorção de patrimônio (da adquirida), em virtude de incorporação, fusão ou cisão. Nesse caso, de participação societária.

O termo "alienação", contido nas disposições legais analisadas, é de grande abrangência, podendo abarcar toda e qualquer forma de transferência de titularidade, a exemplo da venda, segundo as definições doutrinárias clássicas.

Para essa primeira hipótese (alienação), a base de cálculo para fins de determinação do ganho ou perda de capital na alienação de participações submetidas à avaliação pelo método da equivalência patrimonial, deve considerar[64]:

a) Valor de patrimônio líquido, registrado segundo as regras aplicáveis;
b) Saldo da Mais Valia e/ou Menos Valia, destacada, e as parcelas realizadas anteriormente à alienação; e

---

[63] De acordo com *DE PLÁCIDO E SILVA*, in *Vocabulário Jurídico*, Ed. Forense, 28ª, p. 93, o termo alienação "*designa todo e qualquer ato que tem o efeito de transferir o domínio de uma coisa para outra pessoa, seja por venda, por troca ou por doação. Também indica o ato por que se cede ou transfere um direito pertencente ao cedente ou transferente*".
[64] Vide art. 33, do Decreto-Lei nº 1.598, de 26.12.77, na redação que lhe é conferida pelo art. 1º, da Lei nº 12.973/14.

c) Valor do *goodwill* destacado, acrescido de parcela eventualmente baixada ou realizada.

Para as parcelas da mais valia ou da menos valia, mencionadas no item "b", acima, que tenham sido realizadas em momento anterior ao evento da alienação, a dedutibilidade estará restrita aos valores devidamente controlados através de módulo próprio da Escrituração Fiscal Digital (EFD), com o auxílio de controles por meio de subcontas. Logo, a ausência desse controle impede a dedutibilidade dos valores.

Em relação à essa exigência, é importante considerar que haverá tantas subcontas, quantos forem os itens sujeitos ao controle, o que pode levar a inúmeras dificuldades de ordem prática para a sua devida conciliação. De todo modo, há que se ponderar ser esta imposição uma obrigação acessória, cuja não conformidade nos casos plenamente justificáveis, a exemplo das limitações para a parametrização de sistemas, é, no mínimo, discutível juridicamente. Isto porque a obrigação principal, derivada do *quantum* passível de incidência segue os limites legalmente estabelecidos, de acordo com a melhor interpretação baseada no conceito da tipicidade cerrada[65], e as suas delimitações não devem ser objeto de modificação ou redução quanto ao seus efeitos em função do cumprimento parcial ou total da obrigação acessória. O que, no entanto, não afastaria a imposição de penalidades de caráter formal.

Quanto ao valor do *goodwill*, mencionado em "c", anterior, igual discussão jurídica seria plausível, para os casos em que o saldo apurado pelo contribuinte tenha sido de algum modo afetado por ajustes contábeis ou mesmo em função de baixa a qualquer título que tenham sido computadas nos resultados da adquirente.

Dentre as possíveis situações de baixas parciais do valor do *goodwill*, se destacam os casos de ajustes em decorrência de redução ao valor recuperável, cujo valor correspondente poderá ser computado por ocasião da baixa da participação alienada.

---

[65] De acordo com Sacha Calmon Navarro Coêlho, in Curso de Direito Tributário Brasileiro, Editora Forense, Rio de Janeiro, 1999, p. 200, *"a tipicidade cerrada é para evitar que o administrador ou o juiz, mas aquele do que este, interfiram na sua modelação, pela via interpretativa ou integrativa."*.

Para melhor ilustrar as considerações deste tópico e tomando por base os mesmos saldos ilustrados no Capítulo 2, assumindo como valor de alienação o total de $300.000, teríamos a seguinte demonstração:

Valor de alienação	300.000
(-) valor de PL	130.400
(-) Saldo de Mais Valia	48.400
(-) Ágio	20.000
(=) Resultado Contábil	101.200
(-) Mais Valia Realizada *	1.600
(=) Resultado Tributável	99.600

*Parcela dedutível via exclusão nas bases do IRPJ e da CSLL.

A mais valia realizada anteriormente à alienação da participação não produz efeitos tributários imediatos, estando, portanto sujeita à adição nas bases fiscais e devidamente controlada, de modo a permitir a correspondente exclusão desses valores por ocasião do evento da alienação. O controle dos saldos em subcontas é uma condição necessária para garantir a dedutibilidade, a despeito de eventual discussão jurídica, conforme já comentado.

Nos casos de apuração de ganho por compra vantajosa, levado ao resultado do período em que houve o reconhecimento inicial da participação societária, a tributação desse ganho também é diferida, observadas eventuais peculiaridades tratadas em capítulo posterior, sendo computada nos resultados fiscais (adição) por ocasião do evento de alienação da participação. De registrar que tal diferimento também está condicionado ao devido controle dos valores através do EFD[66].

Assim, a apuração do resultado (ganho ou perda) decorrente da alienação de participações é acompanhada dos ajustes fiscais relativos às realizações

---

[66] Escrituração Fiscal Digital.

econômicas de parcelas desdobradas após o reconhecimento inicial e ocorridas preteritamente ao evento de alienação.

Em relação ao ganho obtido na hipótese de compra vantajosa, especialmente quando derivado do excesso de valor justo, temos que a alienação mediante a transferência com a finalidade de integralização de ações ou capital social pode ainda ser mantida ao amparo do diferimento da tributação, por força da previsão contida no art. 17[67], da Lei nº 12.973/14, observada algumas ponderações cabíveis, tratadas em capítulo próprio.

Outros eventos determinantes para a dedutibilidade são a incorporação, a fusão e a cisão, os quais podem ser juridicamente qualificados como causas extintivas da pessoa jurídica[68] sucedida, revestida da condição de incorporada, fusionada ou cindida, essa última, quando se tratar de cisão total[69].

Embora estes eventos também sejam determinantes para a realização fiscal do *goodwill* e dos valores desdobrados como mais valia e menos valia, os seus efeitos fiscais têm a sua materialização diferida no tempo. Isso se deve ao regramento especial que é contemplado pelos artigos 20 a 22, todos, da Lei nº 12.973/14.

Quando tais eventos resultam na extinção da pessoa jurídica sucedida, a exemplo da incorporação, há que se observar que os saldos, relativos a mais valia e/ou menos valia, verificados por ocasião do evento que resultou na sucessão patrimonial devem ser incorporados ao custo de aquisição dos bens aos quais corresponderem as parcelas de valor justo.

De tal modo o efeito fiscal será alcançado pela dedutibilidade de parcelas do custo desses bens, já acrescido do saldo da mais valia e em razão da sua

---

[67] Lei nº 12.973/14, Art. 17, caput: "O ganho decorrente de avaliação com base no valor justo de bem do ativo incorporado ao patrimônio de outra pessoa jurídica, na subscrição em bens de capital social, ou de valores mobiliários emitidos por companhia, não será computado na determinação do lucro real, desde que o aumento no valor do bem do ativo seja evidenciado contabilmente em subconta vinculada à participação societária ou aos valores mobiliários, com discriminação do bem objeto de avaliação com base no valor justo, em condições de permitir a determinação da parcela realizada em cada período. (...)"

[68] LSA, art. 219, II: "Extingue-se a companhia: (...) II – pela incorporação ou fusão, e pela cisão com versão de todo o patrimônio em outras sociedades."

[69] Os eventos de cisão parcial, mormente, estão acompanhados de incorporação, realizada em ato contínuo, com absorção do patrimônio por outra sociedade, ainda que resultante do patrimônio cindido.

realização econômica; mediante depreciação, amortização, exaustão ou baixa a qualquer outro título.

Vejamos no exemplo adiante, como se verifica o comportamento desses saldos em uma hipótese de incorporação, da controlada pela controladora, considerando as premissas abaixo.

Valor da Contraprestação	220.000
Desdobramento da participação	$
PL da Adquirida	120.000
Mais Valia de Ativos	80.000
Parcela não alocada	20.000
Total	220.000
Conciliação da Mais Valia	$
Imobilizado	30.000
Intangíveis	50.000
Total	80.000

Balanço Patrimonial da Empresa "Adquirida"

ATIVO		PASSIVO	
Circulante	10.000	**Circulante**	30.000
Caixa/Equivalentes	10.000	Fornecedores	30.000
Não Circulante	140.000		
Imobilizado	140.000	**Patrimônio Líquido**	120.000
TOTAL do ATIVO	150.000	**TOTAL PASSIVO/PL**	150.000

Balanço Patrimonial da "Adquirente" Antes da Incorporação

ATIVO		PASSIVO	
Não Circulante	**220.000**		
Controlada Vlr. PL	120.000		
Controlada Mais Valia	80.000		
Goodwill Controlada	20.000	Patrimônio Líquido	220.000
TOTAL do ATIVO	**220.000**	**TOTAL PASSIVO/PL**	**220.000**

Com o evento da incorporação (da controlada), o balanço patrimonial da adquirente apresentaria os seguintes saldos:

Balanço Patrimonial da "Adquirente" - PÓS INCORPORAÇÃO

ATIVO		PASSIVO	
Circulante	**10.000**	**Circulante**	**30.000**
Caixa/Equivalentes	10.000	Fornecedores	30.000
Não Circulante	**240.000**		
Imobilizado	170.000		
Intangíveis	50.000		
Goodwill	20.000	Patrimônio Líquido	220.000
TOTAL do ATIVO	**250.000**	**TOTAL PASSIVO/PL**	**250.000**

O demonstrativo, acima, indica que as parcelas da mais valia são, automaticamente, incorporadas ao valor contábil de cada item identificado, na medida em que os saldos de cada rubrica são transladados da sucedida (incorporada) para a sucessora (incorporadora).

É importante observar que, para essas parcelas (mais valia) deverá ser adotado controle por meio de subcontas, permitindo a sua adequada identificação, além de satisfazer a exigência legal, para fins de dedutibilidade, não obstante as possíveis discussões jurídicas a respeito dessa imposição, conforme comentado oportunamente.

No exemplo ilustrado, sem considerar qualquer detalhamento de itens que componham o ativo imobilizado, teríamos o seguinte impacto:

Descrição	Valores
Sd. do Imobilizado Antes da Incorporação	140.000
Sd. da Mais Valia na Data da Incorporação	30.000
Sd. do Imobilizado Após a Incorporação	170.000
% ilustrativo de Depreciação (ano)	8%
Depreção (ano)	13.600

A dedutibilidade[70] da parcela da mais valia será verificada na medida e em função da realização dos bens vinculados. No exemplo acima, note que a base para o cálculo da depreciação[71] é majorada pelo valor da mais valia que foi acrescido ao saldo contábil dos bens, em virtude do evento da incorporação.

Embora essa parcela se repute dedutível (bases do IRPJ e da CSLL), face ao evento da incorporação e no tempo da realização do respectivo bem, há que se observar que esse acréscimo do valor contábil, que é transladado para a sucessora, não produz quaisquer efeitos para fins de desconto de créditos para determinação das contribuições sociais sobre o faturamento (PIS e COFINS), calculadas pelo regime de incidência não cumulativa[72].

Pelas mesmas razões e fundamentos legais, quando o valor contábil dos bens estiver influenciado por eventual desdobramento de **menos valia**,

---

[70] Sob a premissa de que os encargos de depreciação dos mesmos bens sejam dedutíveis, de acordo com o conceito de despesas operacionais, contido no art. 13, da Lei nº 9.249, de 25.12.95.

[71] O exemplo considera um percentual de depreciação, meramente, ilustrativo, desconsiderando, também, qualquer impacto sobre o valor residual.

[72] Vide arts. 3º, da Lei nº 10.637, de 30.12.02 e 3º, da Lei nº 10.833, de 29.12.03, nas redações que lhes são conferidas pelos arts. 54 e 55, ambos, da Lei nº 12.973/14.

transferida após a incorporação, a incorporação dessa parcela ao saldo do bem não acarretará redução ou restrição ao direito de desconto de créditos para efeito das contribuições sociais sobre o faturamento.

Aprofundando o tema, devemos ter em mente que, entre a data da aquisição da participação e a data do evento da incorporação, podem ocorrer realizações parciais ou integrais dos bens registrados na adquirida, com o consequente ajuste dos saldos da mais valia ou menos valia, registrados na adquirente. Esses ajustes são efetuados em contrapartida do resultado de cada período, sem efeito fiscal imediato, conforme já explicado.

Por outro lado, o artigo 20, da Lei nº 12.973/14, permite a dedutibilidade dos valores realizados previamente ao evento, na medida em que faz menção expressa ao *"saldo existente na contabilidade, na data da aquisição da participação societária"*[73]. Esse dispositivo, no entanto, não prescreveu o modo pelo qual a dedutibilidade seria alcançada nessa hipótese, diversamente do que se verifica na hipótese de alienação, comentada anteriormente.

A aparente lacuna do dispositivo legal foi suprimida através da Instrução Normativa nº 1.700[74], de 14.03.17, emitida pela Receita Federal do Brasil, a qual disciplinou a dedutibilidade dessa parcela via exclusão nas bases do IRPJ e da CSLL, seguindo a mesma proporção da realização econômica, qual seja, depreciação; amortização; exaustão; e a baixa a qualquer título inclusive por alienação.

Essa orientação, no entanto, não contemplou os casos em que a diferença de saldos tenha origem na realização integral dos bens, em virtude de depreciação, amortização ou exaustão. Para essa segunda hipótese, o procedimento que se afigura mais apropriado seria a aplicação análoga ao tratamento que

---

[73] Lei nº 12.973/14, art. 20, *caput*: "Nos casos de incorporação, fusão ou cisão, o saldo existente na contabilidade, na data da aquisição da participação societária, referente à mais-valia de que trata o inciso II do caput do art. 20 do Decreto-Lei nº 1.598, de 26 de dezembro de 1977, decorrente da aquisição de participação societária entre partes não dependentes, poderá ser considerado como integrante do custo do bem ou direito que lhe deu causa, para efeito de determinação de ganho ou perda de capital e do cômputo da depreciação, amortização ou exaustão". Grifos não constantes do texto original.

[74] Vide art. 186, inciso I, da Instrução Normativa RFB nº 1.700/17. A dedução também é permitida quando não ocorrer a transferência dos bens, nos casos de cisão. Nessa hipótese a dedutibilidade será alcançada por meio de exclusão dos correspondentes valores pelo prazo mínimo de 5 (cinco) anos, contado da data do evento.

é preconizado para as hipóteses de incorporação de patrimônio derivado de cisão, segundo o qual a exclusão do saldo da mais valia, relativamente aos bens não transferidos por ocasião desse evento, é permitida em quotas mensais fixas, pelo prazo mínimo de 5 (cinco) anos.

Para os intangíveis, registrados previamente à aquisição ou identificados nessa oportunidade, o mesmo tratamento é aplicável, de modo que a mais valia alocada no exemplo utilizado (vide o quadro balanço "pós incorporação") passará a compor o valor contábil desses mesmos ativos, após o evento da incorporação.

A dedutibilidade do valor da mais valia associada aos itens classificados como intangíveis, a rigor, também segue a mesma regra, isto é, de acordo com o momento da realização econômica desses ativos. Contudo, há que se ter em mente que o procedimento de amortização contábil de intangíveis somente é admitido quando se tratar de ativos com prazo definido[75]. Logo, a ausência de amortização contábil[76], é uma restrição de ordem material que afasta, ao menos temporalmente, a dedutibilidade dessa parcela, salvo na ocorrência de baixa do direito por outras razões, a exemplo da alienação.

A dedução dos valores derivados de parcelas da mais valia que tenham sido atribuídas a intangíveis, em muitos casos, apresenta pouca viabilidade em termos práticos, reduzindo a expectativa de retorno sob a ótica tributária. Esse impacto terá maior ou menor relevância a depender da influência que estes intangíveis exerçam na avaliação econômica e no desdobramento da participação adquirida, por ocasião do seu reconhecimento inicial.

Conforme comentado no Capítulo 1, esse aspecto, dentre outros, encerra uma relevante diferença entre as práticas adotadas anteriormente à convergência às normas internacionais e o cenário atual, já na vigência das

---

[75] Em diversas situações, intangíveis identificados na aquisição de participações ou adquiridos sob outras formas, podem apresentar prazo de vida indefinido. A recomendação constante do Pronunciamento 04, (item 107 e seguintes) emitido pelo CPC, é no sentido de que nenhuma amortização deve ser reconhecida. Mantida, no entanto, obrigatoriedade de exames periódicos de redução ao valor recuperável.

[76] Durante o período de vigência do Regime Tributário de Transição (RTT), a amortização era admissível como ajuste de práticas contábeis. Temos que tal dedução fiscal deixou de ser possível após a disciplina da Lei nº 12.973/14, que extinguiu esse Regime após a adoção compulsória, em 2015, da disciplina atual.

disposições da Lei nº 12.973/14, já que impede a arbitrariedade exercida pelo contribuinte.

Veja que, em períodos pretéritos, a alocação de parcelas do custo de aquisição seguia a mera conveniência da parte adquirente, invariavelmente direcionada pelo interesse em alcançar a dedutibilidade fiscal. A conveniência pela eficiência tributária, levava os contribuintes a atribuir a maior parcela do custo como se *goodwill* (ágio por rentabilidade) fosse, o que permitia a sua dedutibilidade após o evento da incorporação com maior flexibilidade. Não mais aplicável.

O critério de alocação de parcelas da contraprestação transferida e o desdobramento do *goodwill* em caráter residual, sem dúvidas, podem reduzir a perspectiva de realização fiscal no no tempo de forma substancial, a considerar a existência de intangíveis não amortizáveis ou de outros ativos que tenham longo prazo de realização econômica.

De todo modo, a dedutibilidade dessa parcela do ágio (*goodwill*), quando este for desdobrado, pode ser alcançada em virtude do evento que resulte em absorção do patrimônio da empresa Adquirida[77], considerando um prazo mínimo de cinco (5) anos, à razão **máxima** de 1/60 (um sessenta avos) para cada mês do período de apuração.

É importante ressaltar que a restrição temporal encontra duas limitações, concomitantes. *i*) A dedução fiscal não poderá ser usufruída em período inferior a 5 anos; e *ii*) em qualquer período para o qual a pessoa jurídica tenha procedido a exclusão parcial dos saldos controlados, deverá observar o montante máximo de 1/60 avos, ainda que o prazo considerado seja superior ao limite estabelecido.

Tal como verificado na hipótese de alienação, a incorporação também implica incidência tributária sobre parcelas que tenham sido diferidas a partir da aquisição da participação societária.

Desse modo, valores apurados como menos valia ou o ganho por compra vantajosa[78], serão submetidos às bases de incidência fiscal (IRPJ/CSLL), a partir do evento da incorporação, fusão ou cisão, no prazo máximo de 5 (cinco) anos.

---

[77] Ou quando a sucessora seja a própria Adquirida, como ocorrem nas hipóteses de incorporação reversa. Esse tema, no entanto, merece considerações específicas e tópico próprio.
[78] Como se verá oportunamente, o ganho por compra vantajosa, considerado para efeito de diferimento, é aquele apurado com base no excesso de valor justo.

Especialmente, no caso de ganho (compra vantajosa), a adição em cada mês do período de apuração deve observar a razão **mínima** 1/60 (um, sessenta avos).

3.2. Restrições Legais e o Conceito de Dependência

Uma importante e frequente discussão jurídica, dentre outras, e que sempre suscitou disputas entre os contribuintes e a Administração Fazendária, é a fruição da dedutibilidade do ágio derivado de reorganizações societárias entre empresas pertencentes a um mesmo grupo econômico ou que mantenham algum vínculo de ordem societária, mormente denominadas como "partes dependentes". Essas situações passaram a ser comumente denominadas pelas autoridades fiscais como "ágio interno".

É importante considerar que tal denominação ("ágio interno") não encontra qualquer definição legal expressa ou conceito jurídico próprio, a despeito de se tratar de uma expressão bastante conhecida no campo fiscal, na medida em que é empregada de modo recorrente em relatos fiscais e nos autos de processos que versam sobre o assunto. Mas, o entendimento quanto ao seu alcance é largamente compartilhado, seja em artigos publicados ou pelo mercado, no sentido de abarcar as operações que envolvam pessoas vinculadas por laços societários, especialmente quando esta condição é verificada previamente às transações que envolvem a aquisição de participação da qual tenha derivado o desdobramento do ágio.

Ao tempo de aplicação do padrão contábil anterior à convergência ao IFRS, o reconhecimento do ágio em tais circunstâncias (existência de vínculo societário anterior) e a sua posterior dedução, embora possível até então, já vinha sendo objeto de diversos questionamentos por parte da Administração Fazendária, com a consequente constituição de crédito tributário, o qual, na maior parte das vezes, esteve baseado na premissa de uma suposta artificialidade daquelas operações, conforme observa Paulo Coviello Filho[79], abaixo, *in verbis*:

> "Iniciando com visão bastante simplista, apesar de não possuir uma definição legal positivada, o ágio interno seria aquele apurado em operações com partes ligadas, ou seja, sem a participação de partes

---

[79] Revista Dialética de Direito de Tributário, nº 221, p. 102.

independentes, sendo que atualmente em razão de diversos abusos cometidos por contribuintes, essa figura está maculada como inválida (...)"

A conclusão predominante, segundo a visão adotada pelas autoridades fiscais, seria de que a existência de vínculo societário importaria ausência de propósito negocial, constituindo este último aspecto um requisito essencial à produção dos efeitos fiscais, de acordo com a linha adotada nas autuações fiscais lavradas.

Abstraindo qualquer abordagem quanto à definição e o alcance do que corresponde ao propósito negocial, mas, concentrando esse tópico no tocante à ocorrência de vínculo societário entre as partes envolvidas em uma aquisição de participação societária, temos que o regramento legal anterior à Lei nº 12.973/14, não contemplava de modo expresso qualquer restrição para a dedutibilidade do ágio nascido nessas circunstâncias.

Não é por menos que o CARF em algumas ocasiões se manifestou de modo favorável ao reconhecimento dos efeitos fiscais, em casos denominados "ágio interno", a exemplo do Acórdão nº 1101-00.710[80], da 1ª Turma da 1ª Câmara, cuja ementa segue abaixo:

> "ÁGIO. REQUISITOS DO ÁGIO
> O art. 20 do Decreto-Lei nº 1.598, de 1977, retratado no art. 385 do RIR/99, estabelece a definição de ágio e os requisitos do ágio, para fins fiscais. (...)
> ÁGIO INTERNO
> A circunstância da operação ser praticada por empresas do mesmo grupo econômico não descaracteriza o ágio, cujos efeitos fiscais decorrem da legislação fiscal. **A distinção entre o ágio surgido em operação entre empresas do grupo (denominado ágio interno) e aquele surgido em operações entre empresas sem vínculo, não é relevante para fins fiscais.**
> (...)"
>
> – grifos não constantes do texto original –

---

[80] No mesmo sentido, vide o acórdão nº 11.01-00.708, da 1ª Câmara, 1ª Turma.

Ainda, no âmbito do CARF, é possível identificar outras decisões em sentido contrário a respeito do mesmo tema. Todavia, é forçoso concluir que a restrição à dedutibilidade do ágio derivado de operações entre empresas dependentes, **efetivadas em período anterior à adoção do atual padrão contábil, é uma inovação da Lei nº 12.973/14** e cuja aplicação a períodos anteriores à sua vigência redunda na sua retroatividade, a despeito de outras discussões baseadas em operações comprovadamente fictas, cujos efeitos fiscais estariam igualmente prejudicados.

De certo que essa conclusão inicial decorre de mera interpretação literal, sem qualquer juízo de valor a respeito da materialidade e da substância dos fatos e atos que envolvem a grande parte dos contenciosos tributários instaurados sobre o tema, cuja existência de vínculo entre as partes ocasionaria o que seria denominado como ágio interno[81].

No âmbito das práticas atuais, consoante a disciplina fiscal aplicável a partir da Lei 12.973/14, temos que o reconhecimento inicial de participações societárias em aquisições entre partes dependentes acarreta consequências patrimoniais distintas, quando comparado com outras operações entre partes não dependentes, de acordo com o tratamento que é conferido no âmbito das práticas contábeis internacionais, da qual o Brasil é aderente.

Esse aspecto pode melhor ser verificado a partir das orientações constantes do Pronunciamento nº 15 (R1), do CPC, o qual é destinado a disciplinar o tratamento aplicável às operações conceituadas como combinação de negócios, e que se caracterizam pela existência concomitante dos seguintes elementos: *a*) aquisição de controle; e *b*) **realizadas entre partes independentes**.

A existência de elementos que caracterizem dependência entre as partes afasta a aplicação dessas regras para efeito do reconhecimento inicial, com tratamento patrimonial diverso, e, cujas consequências fiscais também devem ser mensuradas de acordo com a natureza do evento.

---

[81] Dentre as diversas discussões, tratadas na esfera administrativa, o Conselho Administrativos de Recursos Fiscais (CARF) proferiu o Acórdão nº 105.17-219-2008. Para esse caso, foi negado provimento ao recurso voluntário interposto por contribuinte. Dentre os temas debatidos naquele acórdão, se destaca a constituição de crédito tributário sobre valores que teriam sido deduzidos a partir da amortização de ágio derivado de operação realizada entre partes dependentes, denominado, oportunamente, como "ágio interno". Ao entendimento da respectiva Turma de Julgamento, a dedutibilidade, no caso, somente seria cabível em operações realizadas entre partes independentes, o que já indicava uma tendência restritiva.

Logo, a ocorrência de elementos que configurem controle prévio entre as partes envolvidas, seria um impedimento à aplicação do tratamento que é conferido por aquela Norma. Inclusive a orientação contida nos itens 66 e 67, da Interpretação do Comitê de Pronunciamentos Contábeis (ICPC) nº 09, é no sentido de que as alterações de participação que não resultem em perda de controle devem ser qualificadas como transações de capital, de modo que eventual parcela de ágio (mais valia ou *goodwill*) passa a ser reportada como redução do patrimônio líquido.

Esse tratamento, por si só, já redundaria em certa limitação quanto à dedutibilidade, especialmente nos casos de aquisição e subsequente absorção do patrimônio em virtude de incorporação, fusão e cisão de sociedades. A dedutibilidade do ágio na hipótese de alienação posterior da participação adquirida entre partes dependentes, embora não disciplinada de modo expresso, seria admissível como elemento vinculado à apuração do ganho de capital.

Seguindo a linha da convergência às práticas internacionais, a disciplina imposta pelos arts. 20 e 22, ambos, da Lei nº 12.973/14, buscou semelhante restrição sob a ótica tributária. Para tanto, o citado dispositivo legal, ao versar a respeito da dedutibilidade de parcelas desdobradas como mais valia e ágio por rentabilidade futura, restringiu o benefício de ordem fiscal para os casos em que a aquisição tenha sido operada entre "partes não dependentes". A restrição, no caso, se reporta às hipóteses que envolvem a absorção de patrimônio mediante a incorporação, fusão ou cisão.

A adequada compreensão desse conceito deve ser alcançada por oposição, na medida em que o art. 25, da Lei nº 12.973/14, define as situações que caracterizam o grau de dependência suficiente para o cabimento da vedação legal. *Contrario sensu*, as situações não enquadradas nas condições desse dispositivo podem ser entendidas como partes independentes, e, portanto, fora do alcance das restrições impostas.

Vejamos, então, as situações contidas no artigo 25, abaixo, reproduzido:

"Art. 25. Para fins do disposto nos arts. 20 e 22, consideram-se partes dependentes quando:
I – o adquirente e o alienante são **controlados, direta ou indiretamente**, pela mesma parte ou partes;

II – **existir relação de controle** entre o adquirente e o alienante;
III – o alienante for sócio, titular, conselheiro ou administrador da pessoa jurídica adquirente;
IV – o alienante for parente ou afim até o terceiro grau, cônjuge ou companheiro das pessoas relacionadas no inciso III; ou
V – em decorrência de outras relações não descritas nos incisos I a IV, em que fique comprovada a **dependência societária**.
Parágrafo único. No caso de participação societária adquirida em estágios, a relação de dependência entre o(s) alienante(s) e o(s) adquirente(s) de que trata este artigo deve ser verificada no ato da primeira aquisição, desde que as condições do negócio estejam previstas no instrumento negocial."

– grifos não constantes do texto original –

Os incisos I e II, em especial, tem como pressuposto inequívoco, a existência de controle, de modo que as situações neles previstas devem ser interpretadas a partir das definições do art. 243, §2º, da LSA, apoiadas, ainda, nas orientações do Pronunciamento nº 18 (CPC), inclusive nos casos de equiparação[82] à condição de controlador.

Para aquelas hipóteses mencionadas no inciso III, temos se tratar de situações de fato, em razão da existência de pessoa comum às partes envolvidas e que possua a qualidade de sócio, titular ou que se encontre investida em cargo de administrador devidamente formalizado. Já, para entendimento da condição mencionada no inciso IV, deve ser tomado como base os conceitos atualmente existentes no Código Civil Brasileiro[83].

Temos que as situações contidas nesses incisos (III e IV) assumem relevância para efeito de enquadramento na restrição em questão, e, precisamente quando estiverem associadas de alguma forma à ocorrência de **dependência societária** entre o alienante e o adquirente, por força do comando exercido pelo caput do correspondente artigo 25.

---

[82] A equiparação à condição de controlador é verificada quando uma sociedade coligada, em conjunto com outras sociedades controladas, é detentora de participação superior a 50% (cinquenta por cento) do capital com direito a voto.
[83] Vide artigo 1.591 e seguintes, todos do Código Civil Brasileiro.

Relativamente à previsão contida no inciso V, se trata de uma inserção de grande relevância, de modo que a norma passa a admitir um conceito "aberto", e que pode ter grande amplitude, na medida em que permite ao seu intérprete alcançar situações não descritas de forma expressa, mas que, a depender da circunstância de cada caso concreto, venham a caracterizar a dependência societária[84] por algum meio.

Ainda que a expressão utilizada no dispositivo nos pareça subjetiva, o que poderia, no limite, gerar interpretações arbitrárias por parte da Administração Fazendária, o seu objetivo mais provável é o de enquadrar eventos ou situações de fato que conotem "relações" de conteúdo jurídico capazes de gerar dependência em relação a deliberações de ordem societária a ponto de influenciar decisões de gestão ou quaisquer deliberações sociais. É o que se verifica nos casos de uso de estruturas que possam afastar formalmente a caracterização do controle, segundo as regras do art. 243 (LSA), mas que, ao mesmo tempo, garanta a uma das partes o exercício de direitos equivalente ao de um acionista controlador.

Exemplo típico estaria na emissão de valores mobiliários na forma de instrumentos de dívida que assegurem direitos aos seus titulares semelhantes aos de acionistas, permitindo, inclusive, prevalência em determinadas deliberações sociais. É possível que esse exemplo, aqui tratado de forma genérica e sem maiores detalhes, seja uma hipótese passível de enquadramento nos termos daquele dispositivo.

De todo modo, a dependência mencionada no dispositivo está expressamente restrita a situações de ordem societária, o que nos faz crer que outras relações jurídicas que acarretem dependência exclusivamente de ordem econômica estariam fora dessa conceituação.

Consequentemente, a abrangência dessas disposições não alcança os casos de vínculo societário relativamente às participações qualificadas como coligadas[85] e os demais casos não submetidos à avaliação pelo método da equivalência patrimonial. Reforça, ainda, essa conclusão, o fato de que a redação da Medida Provisória nº 627/14, convertida na Lei nº 12.973/14, empregava a

---

[84] A redação original, prevista na Medida Provisória nº 627/14, usava a expressão "dependência econômica", o que, provavelmente, resultaria em maior abrangência e subjetividade.
[85] Vide o artigo 243, §§1º, 4º e 5º, da LSA.

expressão "dependência **econômica**". Essa sutil diferença é bastante relevante, na medida em que a dependência econômica de uma sociedade em relação à outra, pode ser um indicativo da influência significativa, o que, aliada à existência de participação, configura essas sociedades como coligadas, situação não abrangida no conceito legal de partes dependentes.

Para a disposição final contemplada no parágrafo único, é importante chamar atenção para as operações de aquisição caracterizadas como combinação de negócios em "estágios", situação em que a dependência deve ser aferida a partir do primeiro estágio da aquisição. A literalidade do parágrafo único (art. 25) sugere que após a primeira aquisição, e, independente, do percentual de participação adquirido, a dependência estaria configurada, o que poderia significar restrições à dedutibilidade de quaisquer parcelas de mais valia ou *goodwill* desdobrados em aquisições subsequentes.

Há aparente contradição entre a imposição prevista no parágrafo único em referência e a regra prevista no art. 37, da mesma Lei. Esse último dispositivo regula a dedutibilidade da mais valia e do *goodwill* em operações de incorporação vinculada à aquisição em estágios. Segundo o citado art. 37, a restrição para a dedutibilidade deve ser verificada a partir do momento em que ocorrer a aquisição do controle, disposição que se apresenta mais coerente com as práticas contábeis.

Seguindo a linha do citado art. 37, nos parece que a melhor interpretação quanto à configuração da dependência estaria na sua vinculação ao momento de obtenção do controle, eis que as transações em estágios, de per si, não conferem ao adquirente o controle dos negócios, salvo se o percentual obtido na primeira aquisição garantir, por algum modo, preponderância em deliberações.

Por outro lado, o tema também desperta outras questões, especialmente nos casos em que a aquisição em estágios estiver vinculada a algum *share holders agreement* ou *quota holders agreement*, que venha a regular o controle comum durante o intervalo entre o primeiro estágio e o estágio no qual o controle seja obtido pelo adquirente. Estaria configurado o controle nessa hipótese?

Temos que o controle comum, embora equiparado ao controle de fato (direto ou indireto), tem a sua relevância para efeito de determinação da equivalência patrimonial, e não é por menos que as regras aplicáveis ao tema enquadram a aquisição em estágios como uma espécie de combinação de negócios, atribuindo os mesmos tratamentos patrimoniais e contábeis próprios desse tipo de operação.

Contudo, a restrição contida no art. 37 é direcionada ao adquirente, propriamente dito, o que leva a crer que o controle mencionado naquele dispositivo deve ser interpretado pela ótica exclusiva e isolada deste. Consequentemente, a dedutibilidade de parcelas do ágio passaria a ser limitada somente na ocasião (estágio) em que o controle seja finalmente obtido pelo adquirente.

Além das restrições decorrentes da caracterização de dependência entre as partes, há que se considerar a existência de outras situações que são prejudiciais à dedutibilidade de parcelas do ágio, tanto do valor justo quanto do *goodwill*.

Uma dessas situações se verifica em relação às variações de valor em decorrência de aquisição de controle, nos casos de:

a) Operações qualificadas como combinação de negócios, com aquisição operada em "estágios": nesses casos as diferenças entre as avaliações de participações entre cada estágio de aquisição redundam variações de valores apurados, sendo indedutíveis, para efeito de incorporação, as diferenças apuradas no estágio em que o controle é obtido. O tema é tratado em capítulo específico.

b) Variações de valor em decorrência de incorporação por parte de não controladores: é uma situação, mormente verificada nos casos de permuta de participações envolvendo acionistas/quotistas não controladores. Para esses casos, pode haver diferenças entre o valor justo apurado no reconhecimento inicial, eis que este não sofre movimentação contábil (além do teste de *impairment*), e o valor justo atribuído na relação de troca de participações. O tema também é tratado em capítulo próprio.

c) Laudo de avaliação sem a observância de requisitos formais: Como já comentado, a elaboração do laudo que servir de base para a mensuração da participação deve atender, precipuamente, os requisitos de prevalência do valor justo, inclusive com a demonstração adequada dos critérios e fundamento econômicos para alocação de parcelas da contraprestação transferida pelo adquirente, o que, do contrário pode trazer prejuízos à dedutibilidade, mediante a desqualificação de ofício do correspondente laudo.

d) Falta de controle em subcontas: Assunto já tratado em capítulo anterior, e, cujas regras aplicáveis impõem o registro das parcelas atribuídas ao valor justo por meio de subcontas, para efeito de preenchimento da ECF.

3.3. Ganhos Por Valor Justo. Tratamento

Após a aquisição de uma participação é esperada a ocorrência de diversos eventos de ordem patrimonial na investida, cuja diversidade pode envolver a realização dos ativos líquidos da adquirida, dos quais, grande parte pode ter servido de base para mensuração do valor justo reconhecido por parte da sociedade adquirente.

Como já comentado em outra oportunidade, o valor justo atribuído aos ativos líquidos identificados em aquisições e que é desdobrado no reconhecimento inicial, não é objeto de reconhecimento por parte da adquirida, eis que esse mero desdobramento não revela um evento econômico capaz de afetar o patrimônio desta.

Por outro lado, quando os mesmos ativos líquidos, considerados para efeito de desdobramento do valor justo por parte do adquirente em uma combinação de negócios, sofrerem realizações econômicas sob qualquer forma, caberá o reflexo dos correspondentes efeitos na proporção da participação e com a observância de regras específicas quando for o caso. Importa dizer que esses reflexos são traduzidos pela baixa parcial dos saldos da mais valia vinculados aos itens patrimoniais.

O reconhecimento da mais valia por parte da adquirida, relativamente aos itens patrimoniais de sua titularidade, também é um evento juridicamente possível, naturalmente, para os casos em que a avaliação pelo valor justo seja tecnicamente admitida por opção da entidade, ou mesmo, mandatória, a exemplo do que se verifica em relação aos ativos financeiros.

Essas situações podem envolver ativos existentes ao tempo da aquisição, e que, nesse caso, influenciaram a avaliação e o desdobramento do valor da participação societária por ocasião do reconhecimento inicial, como também poderiam estar vinculadas a itens patrimoniais diversos daqueles considerados para efeito da avaliação inicial da participação adquirida.

Para o primeiro caso, que envolve itens considerados na avaliação inicial, o reconhecimento da mais valia por parte da adquirida deverá ser refletido na adquirente (controladora) por ajustes nas subcontas de valor justo vinculadas aos respectivos ativos líquidos. O efeito de ordem patrimonial (para a adquirente) é permutativo, já que a contrapartida do ajuste será efetuada mediante ajuste do valor de equivalência da própria participação societária. Todavia, outros impactos de natureza tributária podem acarretar novos ajustes, como se verá no exemplo em seguida.

Na segunda hipótese, que se reporta a bens diversos daqueles que deram causa ao desdobramento do valor da participação societária adquirida, haverá reconhecimento de ganho por parte da adquirente como reflexo pelo aumento do patrimônio da adquirida. Eventualmente, o aumento do valor do investimento terá como contrapartida o patrimônio líquido, se igual tratamento tenha sido refletido nas demonstrações financeiras da investida.

As duas hipóteses, no entanto, estão sujeitas a disciplinas fiscais distintas, cabendo o controle por meio de subcontas.

Para melhor ilustrar, consideremos uma operação de aquisição de participação, na qual uma parcela da contraprestação tenha sido atribuída como mais valia de imóveis, classificados originariamente como itens vinculados ao ativo imobilizado e registrados pela adquirida com base no custo de aquisição.

As demonstrações financeiras da adquirida e adquirente, após o reconhecimento inicial são, assim, apresentadas:

Balanço Patrimonial da Empresa "Adquirida"

ATIVO		PASSIVO	
Circulante	**110.000**	**Circulante**	**80.000**
Caixa/Equivalentes	10.000	Fornecedores	80.000
Estoques	100.000		
Não Circulante	**140.000**		
Imobilizado/imóveis	140.000	Patrimônio Líquido	170.000
TOTAL do ATIVO	**250.000**	**TOTAL PASSIVO/PL**	**250.000**

Balanço Patrimonial da "Adquirente"

ATIVO		PASSIVO	
Não Circulante	**220.000**		
Controlada Vlr. PL	170.000		
Controlada Mais Valia	50.000	Patrimônio Líquido	220.000
TOTAL do ATIVO	**220.000**	**TOTAL PASSIVO/PL**	**220.000**

No exemplo acima, a diferença apurada entre o valor da contraprestação e o valor patrimonial da participação representa a mais valia vinculada aos bens registrados como ativo imobilizado, utilizados nas atividades de produção, vendas e/ou serviços da adquirida.

Em momento posterior, consideremos que houve atribuição de finalidade diversa para parte dos imóveis de propriedade da adquirida, em razão da alteração da forma de exploração econômica desses bens, com a sua descontinuidade nas operações usuais e destinação dos mesmos para produção de renda proveniente de aluguéis, assumindo que esta atividade venha a ser caracterizada como residual. Com base nesses fatos, esses bens seriam reclassificados como "propriedades para investimentos[86]", de acordo com a opção de mensuração que é permitida para essa hipótese.

Seguindo as orientações contidas no Pronunciamento nº 28 (CPC), consideremos, também, que a adquirida submeteu esses bens à avaliação com base no valor justo, tendo apurado mais valia no total de $20.000[87].

Nesse caso, os controles e subcontas da adquirente sofreriam os seguintes ajustes:

Controlada Vlr. PL		Controlada Mais Valia		Ajuste de Aval. Patrim	
(1) 170.000		(1) 50.000		(3) 6.800	–
(2) 13.200		–	20.000 (2)	6.800	
183.200		30.000			

(1) Saldo inicial.
(2) Ajuste decorrente do reconhecimento da mais valia pela adquirida.
(3) Reflexo do reconhecimento do passivo tributário diferido por parte da adquirida[88].

---

[86] Nos termos do Pronunciamento nº 28 (CPC), a Propriedade para Investimento "é a propriedade (terreno ou edifício – ou parte de edifício – ou ambos) mantida (pelo proprietário ou pelo arrendatário em arrendamento financeiro) para auferir aluguel ou para valorização do capital ou para ambas, e não para: (a) uso na produção ou fornecimento de bens ou serviços ou para finalidades administrativas; ou (b) venda no curso ordinário do negócio".

[87] CPC 28, item 62, b: "62. Até a data em que o imóvel ocupado pelo proprietário se torne propriedade para investimento escriturada pelo valor justo, a entidade deprecia a propriedade e reconhece quaisquer perdas por redução no valor recuperável (impairment) que tenham ocorrido. A entidade trata qualquer diferença nessa data entre o valor contábil da propriedade de acordo com o Pronunciamento Técnico CPC 27 e o seu valor justo da seguinte forma: (...) (b) qualquer aumento resultante no valor contábil é tratado como se segue: (i) até o ponto em que o aumento reverta perda anterior por impairment dessa propriedade, o aumento é reconhecido no resultado. A quantia reconhecida no resultado não pode exceder a quantia necessária para repor o valor contábil para o valor contábil que teria sido determinado (líquido de depreciação) caso nenhuma perda por impairment tivesse sido reconhecida; (ii) qualquer parte remanescente do aumento é creditada diretamente no patrimônio líquido, em ajustes de avaliação patrimonial, como parte dos outros resultados abrangentes. Na alienação subsequente da propriedade para investimento, eventual excedente de reavaliação incluído no patrimônio líquido deve ser transferido para lucros ou prejuízos acumulados, e a transferência do saldo remanescente excedente de avaliação também se faz diretamente para lucros ou prejuízos acumulados, e não por via da demonstração do resultado." Grifos não constantes do texto original.

[88] Considerando que o efeito líquido do ajuste foi reconhecido diretamente no patrimônio líquido da Adquirida.

Enquanto isso, teríamos os seguintes ajustes na adquirida:

Imobilizado		Propriedades p/Invest		Ajuste de Aval. Patrim		IR/CSLL Diferidos	
(1) 170.000		(2) 50.000		(4) 6.800	20.000 (3)	-	6.800 (4)
-	50.000 (2) (3)	20.000	-		13.200		6.800
120.000		70.000					

(1) Saldo inicial.
(2) Reclassificação contábil dos bens como "propriedade para investimento"
(3) Reconhecimento da mais valia pela adquirida.
(4) Reconhecimento do passivo tributário diferido por parte da adquirida.

O efeito decorrente do reconhecimento da mais valia, por parte da adquirida[89], é incorporado ao saldo do investimento avaliado pela equivalência patrimonial, em contrapartida da própria subconta que registrava a diferença de valor justo do investimento.

Esse evento não produz impactos fiscais imediatos para a adquirente, face o diferimento que é aplicável aos seus efeitos, constituindo um movimento permutativo. O aumento do valor do investimento, nesse caso, constitui base para determinação do ganho ou perda de capital na hipótese de posterior alienação da participação societária.

Embora o ganho gerado pela mais valia seja tributável nos resultados da adquirida, essa obrigação é diferida para o momento da realização dos respectivos bens que foram objeto de avaliação pelo valor justo[90]. É cabível,

---

[89] O ganho reconhecido pela Adquirida tem a tributação diferida para o momento da realização do respectivo bem, condicionada a manutenção de controles por meio de subcontas, conforme determina o art. 13, da Lei nº 12.973/14.

[90] IN RFB nº 1.700/17, art. 41: "O ganho decorrente de avaliação de ativo ou passivo com base no valor justo não será computado na determinação do lucro real desde que o respectivo aumento no valor do ativo ou redução no valor do passivo seja evidenciado contabilmente em subconta vinculada ao ativo ou passivo. § 1º O ganho evidenciado por meio da subconta de que trata o caput será computado na determinação do lucro real à medida que o ativo for realizado, inclusive mediante depreciação, amortização, exaustão, alienação ou baixa, ou quando o passivo for liquidado ou baixado. § 2º O ganho a que se refere o § 1º não será computado na determinação do lucro real caso o valor realizado, inclusive mediante depreciação, amortização, exaustão, alienação ou baixa, seja indedutível. § 3º Na hipótese de não

portanto, o reconhecimento contábil dos efeitos fiscais diferidos, observadas as regras do Pronunciamento nº 32 (CPC).

Assim, o acréscimo patrimonial registrado pela adquirida deverá ser reconhecido pelo valor líquido dos respectivos efeitos fiscais[91], o que acaba por reduzir o valor contábil do investimento no montante correspondente à aplicação das alíquotas nominais do IRPJ/CSLL a que esteja sujeita à investida.

Vejamos como ficariam as respectivas demonstrações financeiras:

---

ser evidenciado por meio de subconta na forma prevista no caput, o ganho será tributado. (...)" Grifos não constantes do texto inicial.

[91] Pronunciamento nº 32, item 20: Os Pronunciamentos, Interpretações e Orientações permitem ou exigem que determinados ativos sejam registrados contabilmente ao valor justo ou, quando permitido legalmente, sejam reavaliados (consultar, por exemplo, os Pronunciamentos Técnicos CPC 27 – Ativo Imobilizado, CPC 04 – Ativo Intangível, CPC 38 – Instrumentos Financeiros: Reconhecimento e Mensuração e CPC 28 – Propriedade para Investimento). Em alguns países, a reavaliação ou outra remensuração de ativo ao valor justo afetam o lucro tributável (prejuízo fiscal) para o período atual. Como resultado, a base fiscal do ativo é ajustada e não surge nenhuma diferença temporária. Em outros países, a reavaliação ou remensuração de ativo não afeta o lucro tributável no período de reavaliação ou remensuração e, consequentemente, a base fiscal do ativo não é ajustada. Entretanto, a recuperação futura do valor contábil resultará em um fluxo tributável de benefícios econômicos para a entidade, e o valor que será dedutível para fins fiscais difere do valor daqueles benefícios econômicos. A diferença entre o valor contábil de ativo reavaliado e sua base fiscal é uma diferença temporária e dá margem a um ativo ou passivo fiscal diferido. Isso é verdadeiro mesmo se: (a) entidade não pretende alienar o ativo. Nesses casos, o valor reavaliado do ativo será recuperado por meio do uso e isso gerará lucro tributável que excede a depreciação que é permitida para fins fiscais nos períodos futuros; ou (b) a tributação sobre ganhos de capital é diferida se a receita da alienação do ativo for investida em ativos similares. Nesses casos, o tributo se torna devido, em última análise, pela venda ou uso dos ativos similares.

Balanço Patrimonial da Empresa "Adquirida" após o ajuste

ATIVO		PASSIVO	
Circulante	**110.000**	**Circulante**	**80.000**
Caixa/Equivalentes	10.000	Fornecedores	80.000
Estoques	100.000	**Não Circulante**	**6.800**
Não Circulante	**160.000**	IR/CSLL Diferidos	6.800
Propriedade p/Invest.	80.000	**Patrimônio Líquido**	**183.200**
Mais Valia Prop. p/Invest	20.000	Capital/Reservas	170.000
Imobilizado/imóveis	60.000	Ajuste de Aval. Patr.	13.200
TOTAL do ATIVO	**270.000**	**TOTAL PASSIVO/PL**	**270.000**

Balanço Patrimonial da "Adquirente" após o ajuste

ATIVO		PASSIVO	
Não Circulante	**213.200**	**Patrimônio Líquido**	**213.200**
Controlada Vlr. PL	183.200	Capital/Reservas	220.000
Controlada Mais Valia	30.000	Ajuste de Aval. Pat.	(6.800)
TOTAL do ATIVO	**213.200**	**TOTAL PASSIVO/PL**	**213.200**

O efeito fiscal nessa hipótese decorre da mudança de expectativa, por parte do adquirente, no tocante à dedutibilidade da parcela da mais valia que passa a integrar o valor do investimento correspondente ao seu valor apurado com base na equivalência patrimonial, além do impacto refletido na adquirida em função do reconhecimento da despesa diferida do IRPJ e da CSLL.

A reclassificação contábil anteriormente demonstrada, pode produzir efeitos tributários na hipótese de incorporação, considerando que o passivo fiscal diferido e originariamente reconhecido na adquirida, subsiste para a adquirente, na qualidade de sucessora pelo evento da incorporação. Assim, o montante da mais valia incorporada ao custo dos bens nessa condição, passa a ser submetido à adição nas bases imponíveis do IRPJ e da CSLL na proporção da realização econômica aferida em cada período.

Em outro cenário, o reconhecimento de ganho por valor justo apurado pela adquirida também pode se reportar a bens diversos daqueles que foram objeto da avaliação por ocasião da aquisição da participação societária.

O reconhecimento da mais valia pela adquirida, nessa hipótese, se reflete em ganho para a adquirente na mesma proporção da sua participação, já que se trata de um fato novo, não associado à primeira avaliação, efetuada ao tempo do reconhecimento inicial da participação.

Para a adquirente, o tratamento fiscal aplicável seguirá a regra geral, sendo a tributação do ganho derivado do valor justo sujeito ao diferimento para o momento da realização dos respectivos bens.

O mesmo ganho que é refletido no patrimônio da adquirente também poderá ser diferido, sob a condição de manutenção de controle individualizado por meio de subconta, devendo ser computado nas bases do IRPJ e da CSLL na hipótese de alienação da participação societária.

Ainda, tratando do tema em questão, a Instrução Normativa RFB nº 1.700/17[92] cuidou de disciplinar o tratamento aplicável à realização econômica dos respectivos bens por parte da adquirida, afastando a tributação do ganho por parte da adquirente, sob o pressuposto de que o mesmo montante tenha sido computado nas bases fiscais da investida (adquirida).

---

[92] Art. 114. "Art. 114. A contrapartida do ajuste positivo, na participação societária, mensurada pelo patrimônio líquido, decorrente da avaliação pelo valor justo de ativo ou passivo da investida, deverá ser compensada pela baixa do respectivo saldo da mais-valia de que trata o inciso II do caput do art. 178. § 1º O ganho relativo à contrapartida de que trata o caput deste artigo, no caso de bens diferentes dos que serviram de fundamento à mais-valia de que trata o inciso II do caput do art. 178, ou relativo à contrapartida superior ao saldo da mais--valia, deverá ser computado na determinação do lucro real e do resultado ajustado, salvo se o ganho for evidenciado contabilmente em subconta vinculada à participação societária, com discriminação do bem, do direito ou da obrigação da investida objeto de avaliação com base no valor justo, em condições de permitir a determinação da parcela realizada, liquidada ou baixada em cada período. § 2º O valor registrado na subconta de que trata o § 1º será baixado à medida que o ativo da investida for realizado, inclusive mediante depreciação, amortização, exaustão, alienação ou baixa, ou quando o passivo da investida for liquidado ou baixado, e o ganho respectivo não será computado na determinação do lucro real e do resultado ajustado nos períodos de apuração em que a investida computar o ganho na determinação do lucro real e do resultado ajustado. § 3º O ganho relativo ao saldo da subconta de que trata o § 1º deverá ser computado na determinação do lucro real e do resultado ajustado do período de apuração em que o contribuinte alienar ou liquidar o investimento.".

De perceber, portanto, que a realização econômica aferida até o momento de uma eventual alienação da participação societária poderá ser parcial, já que medida pela fluência temporal.

Nessa hipótese, a exoneração tributária, por parte da adquirente, também será parcial e proporcional ao valor submetido à incidência fiscal na adquirida, o que demonstra a importância da manutenção do controle exigido.

3.4. Perdas Por Valor Justo. Tratamento

No sentido inverso, porém, seguindo semelhante racional, as perdas derivadas do valor justo atribuído aos bens e direitos da sociedade adquirida também estão submetidas à disciplina própria.

A ocorrência dessas perdas tem origem no reconhecimento de menos valia sobre bens de titularidade da investida, podendo se reportar a itens que deram causa ao desdobramento do valor do investimento ou bens diversos.

Quando se tratar de perdas que se reportem a bens que serviram de base ao desdobramento do valor investimento na fase de reconhecimento inicial, o ajuste, para a Adquirente, será efetuado mediante a baixa da mais valia, podendo ser ilustrado, como segue:

Balanço Patrimonial da Empresa "Adquirida" após o ajuste

ATIVO		PASSIVO	
Circulante	**110.000**	**Circulante**	**80.000**
Caixa/Equivalentes	10.000	Fornecedores	80.000
Estoques	100.000	**Não Circulante**	**6.800**
Não Circulante	**160.000**	IR/CSLL Diferidos	6.800
Propriedade p/Invest.	80.000	**Patrimônio Líquido**	**183.200**
Mais Valia Prop. p/Invest	20.000	Capital/Reservas	170.000
Imobilizado/imóveis	60.000	Ajuste de Aval. Patr.	13.200
TOTAL do ATIVO	**270.000**	**TOTAL PASSIVO/PL**	**270.000**

Balanço Patrimonial da "Adquirente" após o ajuste

ATIVO		PASSIVO	
Não Circulante	**213.200**	**Patrimônio Líquido**	**213.200**
Controlada Vlr. PL	183.200	Capital/Reservas	220.000
Controlada Mais Valia	30.000	Ajuste de Aval. Pat.	(6.800)
TOTAL do ATIVO	**213.200**	**TOTAL PASSIVO/PL**	**213.200**

Consideremos o seguinte desdobramento do investimento no reconhecimento inicial[93]:

---

[93] Somente para fins didáticos e para facilitar o entendimento nesse capítulo, estamos considerando nesses exemplos uma participação equivalente a 100%.

Descrição	$ (milhares)
Custo de aquisição	220.000
Vlr. de PL	170.000
Menos Valia	(50.000)
Vlr. Contábil	120.000
Ágio desdobrado	100.000

A menos valia, apontada no desdobramento acima, se reporta à uma hipotética perda decorrente da comparação do valor justo estimado para os ativos mantidos nos registros da Adquirida e o seu correspondente valor contábil

Assumindo que, em ocasião posterior, a Adquirida reflita uma perda decorrente da redução ao valor recuperável desses mesmos ativos, equivalente a $ 40.000[94], teríamos os seguintes efeitos apurados:

```
       Controlada Vlr. PL                 Controlada Mais Valia
  (1)     170.000                                          50.000   (1)
              -       40.000  (2)    (2)    40.000            -
            130.000                                          10.000
```

(1) Saldo inicial
(2) Ajuste decorrente da baixa contábil reconhecida na adquirida

A perda apurada, nesse caso, é ajustada em face do valor do investimento avaliado pelo método da equivalência patrimonial. Não há efeitos fiscais imediatos para a sociedade adquirente.

[94] Igualmente aplicáveis as regras do Pronunciamento 32 (Tributos sobre o Lucro), de modo que a perda seja refletida líquida dos correspondentes efeitos fiscais.

Nos casos em que a menos valia seja reconhecida pela adquirida, tomando por base bens diversos daqueles que serviram para o desdobramento do valor justo na avaliação inicial, a perda refletida para a adquirente não será computada na determinação das bases fiscais, ainda que as perdas registradas pela adquirida se tornem definitivas, em face da alienação dos respectivos ativos.

Desconsiderando qualquer efeito fiscal imediato, o evento estaria assim registrado:

(1) Saldo inicial

Controlada Vlr. PL		Equivalência Patrimonial	
(1) 170.000		-	
-	20.000 (2) (2)	20.000	-
150.000		20.000	

(2) Ajuste de equivalência patrimonial

Embora as variações patrimoniais verificadas na adquirida sejam ajustadas por meio de equivalência patrimonial do respectivo investimento, a parcela das perdas que tenham origem na menos valia poderá ser excluída na hipótese de alienação ou liquidação da participação societária. Contudo, a fruição do direito à dedutibilidade dependerá do devido controle por meio de subcontas, de modo que seja identificada o montante da variação patrimonial vinculada à menos valia.

Utilizando o mesmo exemplo acima e assumindo parte da variação patrimonial como menos valia, teríamos o seguinte controle:

Controlada Vlr. PL		Equivalência Patrimonial		Equiv. Patrim. Menos Valia	
(1) 170.000					
-	20.000 (2) (2)	5.000	-	(2) 15.000	-
150.000		5.000		15.000	

(1) Saldo inicial
(2) Ajuste de equivalência patrimonial

3.5 Situações Submetidas às Regras Anteriores à Lei nº 12.973/14

A redação original da MP nº 627/14 não fazia menção a qualquer tratamento de ordem transitória destinada a amoldar situações ocorridas no lapso entre as regras anteriores e a disciplina fiscal atual, do que se concluía pela sua aplicação a todas as operações, independente do momento da aquisição da participação societária ou da data de ocorrência do evento de fusão, incorporação ou cisão.

No entanto, o artigo 65, da Lei nº 12.973/14, manteve algumas situações submetidas à disciplina fiscal anterior, adotando como parâmetro a data de aquisição e o prazo limite para a realização da operação de incorporação, para efeito de manutenção do tratamento fiscal pretérito. Ao menos, essa teria sido a intenção do legislador ao introduzir tal disposição no texto legal, como se verifica, abaixo:

> "Art. 65. **As disposições contidas nos arts. 7º e 8º da Lei nº 9.532, de 10 de dezembro de 1997, e nos arts. 35 e 37 do Decreto-Lei nº 1.598, de 26 de dezembro de 1977, continuam a ser aplicadas somente às operações de incorporação, fusão e cisão, ocorridas até 31 de dezembro de 2017, cuja participação societária tenha sido adquirida até 31 de dezembro de 2014.**
> Parágrafo único. No caso de aquisições de participações societárias que dependam da aprovação de órgãos reguladores e fiscalizadores para a sua efetivação, o prazo para incorporação de que trata o caput poderá ser até 12 (doze) meses da data da aprovação da operação."
> – grifos não constantes do texto original –

Em resumo, dois parâmetros temporais devem ser atendidos para efeito de aplicação do dispositivo, afastando as regras atuais, quais sejam: *i*) aquisição da participação até 31.12.14; e *ii*) o evento de incorporação, fusão ou cisão, seja operado até 31.12.17. Essas condições são, necessariamente, cumulativas.

Os eventos que se enquadrem nessas condições estariam submetidos à disciplina do art. 7º, da Lei nº 9.532, de 10.12.97, abaixo reproduzido:

"Art. 7º A pessoa jurídica que absorver patrimônio de outra, em virtude de incorporação, fusão ou cisão, na qual detenha participação societária adquirida com ágio ou deságio, apurado segundo o disposto no **art. 20 do Decreto-Lei nº 1.598, de 26 de dezembro de 1977**: I – deverá registrar o valor do ágio ou deságio cujo fundamento seja o de que trata a **alínea "a" do § 2º do art. 20 do Decreto-Lei nº 1.598, de 1977**, em contrapartida à conta que registre o bem ou direito que lhe deu causa; II – deverá registrar o valor do ágio cujo fundamento seja o de que trata a **alínea "c" do § 2º do art. 20 do Decreto-Lei nº 1.598, de 1977**, em contrapartida a conta de ativo permanente, não sujeita a amortização; III – poderá amortizar o valor do ágio cujo fundamento seja o de que trata a **alínea "b" do § 2º do art. 20 do Decreto-lei nº 1.598, de 1977**, nos balanços correspondentes à apuração de lucro real, levantados posteriormente à incorporação, fusão ou cisão, à razão de um sessenta avos, no máximo, para cada mês do período de apuração; IV – deverá amortizar o valor do deságio cujo fundamento seja o de que trata a **alínea "b" do § 2º do art. 20 do Decreto-Lei nº 1.598, de 1977**, nos balanços correspondentes à apuração de lucro real, levantados durante os cinco anos-calendários subsequentes à incorporação, fusão ou cisão, à razão de 1/60 (um sessenta avos), no mínimo, para cada mês do período de apuração. § 1º O valor registrado na forma do inciso I integrará o custo do bem ou direito para efeito de apuração de ganho ou perda de capital e de depreciação, amortização ou exaustão. § 2º Se o bem que deu causa ao ágio ou deságio não houver sido transferido, na hipótese de cisão, para o patrimônio da sucessora, esta deverá registrar: a) o ágio, em conta de ativo diferido, para amortização na forma prevista no inciso III; b) o deságio, em conta de receita diferida, para amortização na forma prevista no inciso IV. § 3º O valor registrado na forma do inciso II do *caput*: a) será considerado custo de aquisição, para efeito de apuração de ganho ou perda de capital na alienação do direito que lhe deu causa ou na sua transferência para sócio ou acionista, na hipótese de devolução de capital; b) poderá ser deduzido como perda, no encerramento das atividades da empresa, se comprovada, nessa data, a inexistência do fundo de comércio ou do intangível que lhe deu causa. § 4º Na hipótese da alínea "b" do parágrafo anterior, a posterior utilização econômica do fundo de comércio ou intangível sujeitará a pessoa física ou jurídica usuária ao pagamento dos tributos e contribuições que deixaram de ser pagos, acrescidos de juros de mora e multa, calculados de conformidade com a legislação vigente.

§ 5º O valor que servir de base de cálculo dos tributos e contribuições a que se refere o parágrafo anterior poderá ser registrado em conta do ativo, como custo do direito."

Uma das principais diferenças entre as regras anteriores e as atuais, residia na ausência de ordem de preferência para alocação do valor da participação adquirida, além de outros aspectos igualmente relevantes, conforme destacado no Capítulo 2. O art. 7º, acima, permitia a conveniência quanto à atribuição dos fundamentos econômicos possíveis, o que, não raro, levava grande parte dos contribuintes a optar pelo desmembramento baseado na expectativa de rentabilidade futura (*goodwill*[95]), por ser essa uma alternativa que possibilitava a fruição da dedutibilidade em um intervalo menor. Tão logo materializada a incorporação da participação adquirida, a fruição do efeito fiscal se tornava possível, na extensão dos cinco anos seguintes, observado o limite para cada mês de apuração.

O provável objetivo da exceção criada (art. 65, L. 12.973/14) seria permitir a conveniência quanto ao apontamento do fundamento econômico, além de afastar outras limitações impostas pela Lei nº 12.973/14. Por consequência, o retorno à regra anterior também afastaria a vedação à dedutibilidade da mais valia e do *goodwill* apurado em operações realizadas entre partes consideradas dependentes[96], já que o dispositivo legal anterior era silente quanto a este aspecto, em que pese o tema comportar discussões jurídicas.

Se analisada essa exceção **por um prisma exclusivamente tributário**, seria possível concluir que todo o valor excedente à participação do adquirente no patrimônio líquido da adquirida, fosse alocado como *goodwill*, com o fito de acelerar ou viabilizar a produção dos efeitos fiscais (especialmente quanto

---

[95] Conforme já comentado, o valor desdobrado como *goodwill* não decorre exatamente de uma alocação, eis que se trata da parcela residual do valor da contraprestação, não associada (alocada) ao valor justo dos ativos líquidos identificáveis.

[96] Vide artigo 20 e 22, ambos, da Lei nº 12.973/14.

à sua dedutibilidade), a partir do momento em que determinada operação realizada esteja dentro do intervalo previsto no dispositivo, tanto o evento da aquisição quanto o da incorporação.

Essa afirmação não deve ser tomada como absolutamente verdadeira[97], face à adoção das práticas do IFRS, de modo que, a despeito das regras fiscais aplicáveis, os correspondentes efeitos tributários decorrem unicamente dos eventos patrimoniais registrados. Ainda que se considere a aparente finalidade buscada a partir da redação do referido art. 65.

Logo, se considerarmos que uma empresa tenha efetuado a aquisição do controle de outra sociedade, em uma transação entre partes não dependentes e cuja ocorrência tenha se verificado até o ano de 2014, o reconhecimento seria efetuado com base nos critérios previstos no Pronunciamento nº 15, do CPC, dentre outros requisitos comentados em capítulo anterior. Ilustrativamente podemos assumir os seguintes valores, apurados segundo o resumo de hipotético PPA[98] produzido para este fim:

Descrição	$ Milhões
Valor da Contraprestação	65.000
Vlr. Justo dos ativos líquidos	62.000
Parcela não alocada (goodwill)	3.000

O simples exemplo acima, já denota que o valor do *goodwill* apurado na transação está limitado à $ 3.000, sendo esse o critério de desdobramento que será adotado para efeito dos respectivos registros patrimoniais, apoiados em laudo produzido para aquela operação. Do ponto de vista contábil-societário, não haveria outra parcela de *goodwill* a ser considerada, o que afastaria qualquer alocação arbitrária dos valores.

Também não é demais lembrar que o laudo produzido, embora tomado como base para a apuração dos devidos efeitos tributários, atende uma

---

[97] Vide comentários do capítulo 2.4.
[98] *Price Purchase Agreement (PPA)*.

finalidade de ordem societária, sendo, portanto, incabível a elaboração de um segundo laudo de cunho meramente fiscal.

Por outro lado, tanto as regras fiscais em vigor e o próprio art. 7º, da Lei nº 9.532/97, esse último com vigência condicionada pela exceção criada, contemplam a dedutibilidade e a mensuração de todos os efeitos fiscais a partir dos saldos apurados segundo os registros contábeis.

Esse primeiro aspecto, de per si, já importaria em um impedimento para a fruição dos efeitos fiscais de acordo com a mera conveniência do contribuinte, haja vista que o primeiro parâmetro estaria associado aos critérios contábeis adotados, salvo se as práticas contábeis fossem desconsideradas, o que não parece razoável em um cenário de convergência ao IFRS.

Ainda, no âmbito das regras anteriores, a dedutibilidade do *goodwill* (rentabilidade futura) estava condicionada à sua amortização contábil, ocorrida após o evento da incorporação. Por outro lado, é importante lembrar que o *goodwill*, embora submetido ao teste de *impairment*[99], não é objeto de amortização contábil no âmbito do IFRS, salvo por exceção. Então, ainda que pudesse ser admitida a conveniência do contribuinte por registrar integralmente o ágio como goodwill, ao arrepio da prevalência do valor justo, a sua dedução também enfrentaria restrição material, já que o dispositivo legal pretérito somente admitia a dedutibilidade por via da amortização contábil. Este seria um segundo impedimento de ordem prática, ainda que passível de discussão jurídica.

A considerar tais consequências, temos que a exceção criada pelo art. 65 (Lei nº 12.973) não deve produzir o exato efeito esperado e pretendido por muitos contribuintes, seja em função dos procedimentos contábeis levados a efeito ou mesmo pela imprecisão do dispositivo em questão.

Contudo, para os casos alcançados pelo citado art. 65, restaria ainda a possibilidade de afastar as restrições relativas as operações que envolvam partes dependentes, pela mera ausência de vedação no art. 7º, da Lei nº 9.532/97, o que, de certa forma, permitiria alguma efetividade da exceção criada pela Lei 12.973/14.

---

[99] Isoladamente, quando apurado em transações qualificadas como combinação de negócios e em conjunto com a mais valia nas demais participações avaliadas pelo método da equivalência patrimonial.

3.6 Data-Base de Avaliação x Data do Evento

Face às dificuldades de ordem prática e o tempo necessário para a concretização de operações que envolvem todo tipo de absorção de patrimônio (a exemplo da cisão e da incorporação), é bastante comum a adoção de datas diversas para a avaliação do acervo líquido vertido/absorvido e para a efetivação de tais eventos.

Nessas situações, a avaliação dos ativos líquidos que serão posteriormente transferidos para o patrimônio da sociedade sucessora, é uma etapa precedente, cujo intervalo máximo entre essas datas não encontra parâmetro legal[100].

Portanto, prevalecerá, para efeito dos correspondentes atos societários, a data-base eleita para fins de avaliação dos ativos líquidos, objeto da operação.

A questão a ser colocada está na apuração das bases fiscais do IRPJ e da CSLL, por parte das empresas envolvidas.

O art. 235, §7º[101], do Regulamento do Imposto de Renda (RIR/99), sujeita a pessoa jurídica incorporada, cindida ou fusionada à apresentação da declaração de rendimentos correspondente ao período transcorrido, cujo prazo é o último dia útil do mês subsequente ao do evento, como se verifica abaixo, *in verbis*:

> "Art. 235. A pessoa jurídica que tiver parte ou todo o seu patrimônio absorvido em virtude de incorporação, fusão ou cisão deverá levantar balanço específico na data desse evento (...)
> (...)
> § 7º A pessoa jurídica incorporada, fusionada ou cindida deverá apresentar declaração de rendimentos correspondente ao período transcorrido durante o ano-calendário, em seu próprio nome, até o

---

[100] O art. 248, I, da LSA, no entanto, admite um intervalo máximo de até 60 (sessenta) dias para efeito de cálculo do valor da equivalência patrimonial.

[101] Com matriz legal no art. 21, da Lei nº 9.249, de 26 de dezembro de 1995. "Art. 235. A pessoa jurídica que tiver parte ou todo o seu patrimônio absorvido em virtude de incorporação, fusão ou cisão deverá levantar balanço específico na data desse evento (...)§ 7º A pessoa jurídica incorporada, fusionada ou cindida deverá apresentar declaração de rendimentos correspondente ao período transcorrido durante o ano-calendário, em seu próprio nome, até o último dia útil do mês subsequente ao do evento, com observância do disposto no art. 810 (Lei nº 9.249, de 1995, art. 21, § 4º).".

último dia útil do mês subsequente ao do evento, com observância do disposto no **art. 810 (Lei nº 9.249, de 1995, art. 21, § 4º)**."

Em que pese a pouca precisão do referido dispositivo, o período transcorrido contempla aquele que se encerra até a data do evento, momento em que os atos societários pertinentes produzem os seus efeitos[102].

A declaração referida no art. 235, atualmente é substituída pelos arquivos produzidos via Escrituração Fiscal Digital (ECF).

Logo, o período de apuração das bases fiscais passa a ter como termo final a data do próprio evento, acompanhando os respectivos atos societários, de modo que as variações patrimoniais verificadas no intervalo entre a data-base de avaliação e a data do evento, serão computadas nos resultados fiscais desse período[103].

Esse tema já foi objeto de apreciação por parte da Administração Fazendária, a qual, na aparente lacuna legal, confirmou tal posição, fazendo prevalecer a data do evento para efeito de apuração das bases fiscais[104].

É oportuno comentar, ainda, que a pessoa jurídica incorporadora também se sujeita à entrega de informações fiscais, no padrão atual da Escrituração Fiscal Digital (ECF) e no mesmo prazo da pessoa jurídica incorporada, salvo quando ambas se mantiveram sob o mesmo controle societário até o ano anterior ao do evento.

---

[102] Nos termos do art. 36, da Lei nº 8.934, de 18.11.94, os atos sociais produzem os efeitos jurídicos que lhes são próprios a partir da respectiva data de assinatura, na hipótese em que tenham sido levados a arquivamento dentro do prazo de trinta dias. Lei nº 8.934/94, art. 36: "Art. 36. Os documentos referidos no inciso II do art. 32 deverão ser apresentados a arquivamento na junta, dentro de 30 (trinta) dias contados de sua assinatura, a cuja data retroagirão os efeitos do arquivamento; fora desse prazo, o arquivamento só terá eficácia a partir do despacho que o conceder.".

[103] Por oportuno, ressaltamos que o art. 430, do RIR/99, traz disposição diversa, a qual entendemos não mais aplicável ao caso, eis que tal dispositivo tem origem em regra legal anterior à vigência do art. 21, da Lei nº 9.249/99, portanto, tacitamente revogado pela legislação mais recente.

[104] Na ocasião, a Administração Fazendária havia se baseado na revogação do §4º, do art. 57, da Instrução Normativa nº 93/97, cuja disposição fazia referência ao balanço apurado em até 30 dias anteriores à data do evento, e cuja revogação deslocaria o prazo para a extinção formal (evento) da pessoa jurídica incorporada.

Como em muitos casos, as aquisições de participações (controle) e as posteriores incorporações podem ocorrer após um longo intervalo, a depender de cada situação, essa imposição deixa de ser aplicada.

Os efeitos práticos dessa disposição legal, aparentemente, não conflitam com a previsão contida no art. 132, do Código Tributário Nacional[105] (CTN) que impõe responsabilidade tributária à pessoa jurídica sucessora, posto que a sucessão tributária subsistirá em relação ao crédito tributário eventualmente não reconhecido ou não satisfeito pela incorporada.

3.7 Tratamento Fiscal das Variações Patrimoniais

É de se esperar que durante esse intervalo compreendido entre a avaliação dos ativos líquidos e o evento da incorporação propriamente dito, ocorram variações patrimoniais devido a alteração dos saldos das rubricas que compõem os ativos líquidos, em razão da ocorrência de novos fatos, a exemplo de despesas que possam ser verificadas no período, sobretudo àquelas derivadas de relações jurídicas existentes e continuadas, ou mesmo novas receitas, acompanhadas dos correspondentes custos, que são produzidas quando mantido o curso normal das atividades da sucedida, o que é naturalmente esperado.

Além disso, há outras mutações patrimoniais de caráter meramente permutativo e que envolvem, por exemplo, a realização financeira de ativos ou a liquidação de passivos, mas que, não obstante, podem produzir impactos de ordem patrimonial, quando ocasionarem ganhos ou perdas eventuais por ocasião das respectivas realizações e/ou liquidações.

Uma prática habitual para adequar essas situações está na prescrição, através do Protocolo-Justificativa[106], de que as variações patrimoniais ocorridas

---

[105] Lei nº 5.172, de 25.10.66, art. 132: "Art. 132. A pessoa jurídica de direito privado que resultar de fusão, transformação ou incorporação de outra ou em outra é responsável pelos tributos devidos até à data do ato pelas pessoas jurídicas de direito privado fusionadas, transformadas ou incorporadas.
Parágrafo único. O disposto neste artigo aplica-se aos casos de extinção de pessoas jurídicas de direito privado, quando a exploração da respectiva atividade seja continuada por qualquer sócio remanescente, ou seu espólio, sob a mesma ou outra razão social, ou sob firma individual.".
[106] Vide artigos 224 e 225, ambos, da LSA.

nesse lapso temporal devem ser integralmente suportadas pela sucessora. Com isso, o valor dos ativos líquidos avaliados tende a ser "travado" na data-base de avaliação, o qual também instruirá os atos societários que seguirão até a ocorrência do evento.

Todavia, é certo que na fluência do tempo, os saldos efetivos dos ativos líquidos, verificados na data do evento, podem apresentar pequenas ou significativas variações, quando comparados com os valores encontrados na data eleita para avaliação.

A primeira questão a ser enfrentada, nesse caso, está em concluir se o produto dessas variações deverá ser computado no resultado corrente ou diretamente em rubrica do patrimônio líquido da pessoa jurídica sucessora, considerando que esta deverá suportar tais variações, tal como normalmente é prescrito nos atos societários correspondentes, sendo que, para a segunda hipótese, esses eventos seriam qualificados como outros resultados abrangentes[107].

Levando em conta que as situações para as quais se admite a imputação de ganhos ou perdas como outros resultados abrangentes são, aparentemente, taxativas, segundo as orientações constantes do Item 7[108], do Pronunciamento CPC nº 26, restaria concluir em primeira análise que as variações patrimoniais identificadas sejam levadas ao resultado corrente no qual se materializa o evento.

Sob um prisma econômico, podemos crer que esse entendimento se justifica, não somente pela ausência de previsão expressa em contrário, mas, na

---

[107] Expressão empregada pelo Pronunciamento nº 26, do CPC, para definir os eventos patrimoniais não atribuíveis ao resultado do período.

[108] Pronunciamento CPC nº 26, item 7: "(...) Os componentes dos outros resultados abrangentes incluem: (a) variações na reserva de reavaliação, quando permitidas legalmente (ver Pronunciamentos Técnicos CPC 27 – Ativo Imobilizado e CPC 04 – Ativo Intangível); (b) ganhos e perdas atuariais em planos de pensão com benefício definido reconhecidos conforme item 93A do Pronunciamento Técnico CPC 33 – Benefícios a Empregados; (c) ganhos e perdas derivados de conversão de demonstrações contábeis de operações no exterior (ver Pronunciamento Técnico CPC 02 – Efeitos das Mudanças nas Taxas de Câmbio e Conversão de Demonstrações Contábeis); (d) ganhos e perdas na remensuração de ativos financeiros disponíveis para venda (ver Pronunciamento Técnico CPC 38 – Instrumentos Financeiros: Reconhecimento e Mensuração); (e) parcela efetiva de ganhos ou perdas advindos de instrumentos de hedge em operação de hedge de fluxo de caixa (ver Pronunciamento Técnico CPC 38). (...)".

medida em que a imposição pela assunção dessas variações pela sucessora, nos termos estabelecidos em ato societário (quando assim prescrito) transfere, por consequência, os benefícios dos ganhos e o ônus das perdas, associados aos ativos líquidos que compõem o patrimônio vertido, independente de qual seja o critério de avaliação adotado.

Por outro lado, o mesmo resultado estará computado nas bases fiscais da sucedida, eis que, como visto no tópico anterior, o seu período base de apuração compreende aquele verificado até a data do evento.

Pelas mesmas razões, o produto dessas variações patrimoniais, ainda que reconhecido no resultado corrente da sucessora, não deve ser computado na determinação das suas correspondentes bases fiscais, cabendo o seu ajuste em caráter definitivo, em que pese essa situação não seja disciplinada de modo expresso pela legislação aplicável.

A manutenção dos registros fiscais da sucedida como instrumento de prova é salutar, no caso de eventual questionamento suscitado pela Administração Fazendária no tocante ao tratamento tributário conferido aos impactos patrimoniais comentados neste tópico.

3.8 Prejuízos Fiscais e Bases Negativas de Contribuição Social sobre o Lucro Líquido

Dentre as diversas variáveis a considerar em um processo de reestruturação societária, figura a expectativa e as limitações jurídicas para absorção dos saldos de prejuízos fiscais e de Bases Negativas de Contribuição Social sobre o Lucro Líquido (CSLL).

A restrições legais quanto à manutenção desses créditos podem afetar substancialmente o patrimônio avaliado, especialmente nos casos em que esses saldos tenham servido de base para a constituição de créditos tributários diferidos, de acordo com as regras aplicáveis. Nessas hipóteses, as restrições para manutenção dos saldos podem acarretar significativos reflexos de ordem patrimonial, face a reversão dos créditos diferidos, além dos impactos fiscais propriamente ditos em períodos futuros.

Os impactos patrimoniais derivados dessa restrição devem ser apurados previamente ao correspondente evento, de modo que o valor justo dos ativos líquidos seja apresentado com os ajustes cabíveis.

Além da limitação quantitativa imposta pela Lei nº 9.065, de 20.06.95[109], para compensação desses saldos, os artigos 32 e 33, ambos, do Decreto-Lei nº 2.341[110], de 29.06.87 já impunham outras restrições, no caso, vinculadas às operações de reestruturação societária, inclusive fusão, cisão e incorporação. São elas:

Mudança de Controle e Ramo de Atividade:
A alteração cumulativa do controle societário e do ramo de atividade, verificada entre a data de apuração do prejuízo fiscal e o período em que houver a compensação, constitui hipótese restritiva à fruição dos saldos. Nessa hipótese, a restrição é aplicável à pessoa jurídica que sofreu a modificação de seu controle societário e do ramo de atividade.

A restrição em comento tem natureza extintiva do direito ao uso dos prejuízos fiscais, na medida em que afeta todo o saldo existente no momento em que verificada a hipótese anteriormente descrita, impedindo qualquer benefício futuro.

Quanto ao alcance dessa imposição (art. 32, do DL 2.341/87), há que se considerar que o dispositivo em questão não traz qualquer definição quanto aos termos empregados; "alteração de controle" e "ramo de atividade".

No tocante ao controle, o parâmetro mais nítido estaria nas definições já conhecidas a respeito do controle direto e/ou indireto, extraídas a partir do art. 243, da LSA e outras disposições complementares, conforme comentado em tópico anterior[111]. Logo, a alteração de controle direto envolvendo entidades que se encontrem em um mesmo grupo, mas, submetidas a controle comum, não preencheria os requisitos necessários a ser enquadrada na restrição em comento, desde que o controle final permaneça inalterado.

---

[109] Compensação dos saldos de prejuízos fiscais e de bases negativas de *CSLL limitada a 30% (trinta por cento) do lucro líquido ajustado em cada período*, conforme disposto nos artigos 15 e 16, da Lei nº 9.065/95, respectivamente. Lembrando, também, da limitação prevista no art. 43, da Lei nº 12.973/14, no tocante aos prejuízos não operacionais, compensáveis somente com resultados de mesma natureza.

[110] As disposições dos artigos 32 e 33 (Decreto-lei nº 2.341/87) são igualmente aplicáveis à Contribuição Social sobre o Lucro Líquido (CSLL), por força do art. 22, da Medida Provisória nº 2.158-35.

[111] Vide comentários no tópico 2.1.

Relativamente à "modificação[112]" do "ramo de atividade[113]", em que pese tratada de forma genérica pelo legislador e acarretando possível ambiguidade quanto à sua definição, nos parece razoável enquadrar aquelas situações em que a atividade principal, desenvolvida até a data da compensação e durante o período em que houve modificação do controle, tenha deixado de ser exercida ou tenha sido substituída por outra[114].

Parte da doutrina[115] também compartilha o entendimento de que a "modificação do ramo de atividade", nos termos da referida lei, deve ser substancial e de efeitos relevantes, de modo que a sua ocorrência teria conteúdo jurídico a ser enquadrado na hipótese do dispositivo em questão. Logo, a adição ou exclusão de atividade, ocorrida entre a data da geração e da compensação dos prejuízos deve representar alteração da natureza, estrutura e forma do ramo de negócio anteriormente exercido.

Hipóteses de Incorporação, Fusão e Cisão
Para esses casos também há restrição ao direito de compensação dos prejuízos fiscais e de bases negativas de CSLL, a qual, embora aplicável à pessoa jurídica sucedida, impacta diretamente a pessoa jurídica incorporadora, resultante de fusão ou sucessora por cisão (no caso de cisão total).

A restrição imposta pelo artigo 33, do DL nº 2.341/87 impede a transferência dos saldos existentes (na sucedida) e apurados até data do evento, redundando na extinção dos prejuízos fiscais da empresa sucedida e extinta

---

[112] Na acepção jurídica é: *"propriamente a alteração ou a nova forma dada às coisas, em virtude do que elas se apresentam em outro modo de ser. Desta forma, a modificação **não quer exprimir a introdução de um modo, em qualquer ato ou obrigação jurídica**. Quer realmente significar a alteração ou a substituição de uma coisa, em parte ou no todo, cujo modo de ser era um, para novo modo de ser, tomando assim nova forma, nova ordem ou nova disposição (...)"*, in Vocabulário Jurídico, De Plácido e Silva, Ed. Forense, 1973, Vol. III.
[113] Ainda, *in* Vocabulário Jurídico, De Plácido e Silva, ramo de atividade designa *"divisão ou uma especialização, relativas às atividades profissionais"*.
[114] Nessa linha de raciocínio, vide a Solução de Consulta nº 892, 18.6.2001, da Delegacia da Receita Federal de Julgamento em Florianópolis, *in* Peixoto, Marcelo Magalhães. Regulamento do Imposto de Renda 2010: Anotado e Comentado. São Paulo. MP Editora. 5ª Edição/Atualizada e Ampliada/2010.
[115] Ricardo Mariz de Oliveira, em Imposto de Renda: Decreto-lei nº 2.341/87, São Paulo: IOB, 1987; Edmar Oliveira Andrade Filho, em Imposto de Renda das Empresas, São Paulo, Editora Atlas S.A, 2009.

na data do evento. Nesse caso, a citada disposição legal acompanha a mesma premissa do artigo 219[116], da LSA, que qualifica a incorporação, fusão e a cisão (total) como hipótese de extinção da pessoa jurídica. Na prática, é uma restrição que também afeta diretamente a pessoa jurídica sucessora, na medida em que esta fica impedida de suceder os correspondentes créditos fiscais.

Fica mantido, contudo, o direito da sucedida (extinta por incorporação, fusão ou cisão) de compensar os seus próprios prejuízos fiscais **até a data do evento**, com observância do limite de 30% do lucro líquido ajustado, o que resulta na extinção do saldo não absorvido nessa última oportunidade. Embora essa última limitação (quantitativa) tenha um caráter temporal, sob o pressuposto de continuidade da pessoa jurídica, a mesma termina por se convolar em verdadeira extinção forçada do direito, já que a imposição em tais condições se torna definitiva.

O tema já foi apreciado no âmbito do CARF, com alguns julgados iniciais favoráveis à pretensão de compensação integral dos prejuízos fiscais em tais hipóteses. Contudo, a 1ª Turma da Câmara Superior de Recursos Fiscais, por maioria de votos, firmou entendimento final pela manutenção da limitação de compensação nos casos de extinção da pessoa jurídica, inclusive em virtude de incorporação, fusão ou cisão.

Especialmente em relação à cisão parcial, a extinção dos prejuízos fiscais e de bases negativas de CSLL existentes na data do evento é aplicável de forma proporcional à parcela do patrimônio remanescente da pessoa jurídica cindida.

Desse modo, quanto maior a parcela vertida do patrimônio, maior também será o impacto sobre os saldos verificados na data do evento, afetando diretamente a pessoa jurídica sucedida.

---

[116] LSA, art. 219: "Extingue-se a companhia: I – pelo encerramento da liquidação; II – *pela incorporação ou fusão, e pela cisão com versão de todo o patrimônio em outras sociedades.*" Grifos.

Capítulo 4

Análise dos Efeitos Fiscais em Eventos Específicos

Nesse capítulo, passamos a tratar do tema, até então apresentado, a partir de eventos específicos com a abordagem de alguns casos hipotéticos.

4.1. Alocação do Valor Justo em Ativos Tangíveis com Posterior Incorporação

Os ajustes periódicos dos saldos das subcontas que se reportem aos valores desdobrados como mais valia ou menos valia devem considerar os mesmos critérios de realização cabíveis aos respectivos ativos e passivos que deram causa ao valor justo, conforme comentado em outra oportunidade.

Nessa linha, citemos, por exemplo, a mais valia alocada a itens que componham o ativo imobilizado da investida. As variações do saldo dessas rubricas, em função do reconhecimento da depreciação em cada período ou de baixas a qualquer título, influenciarão, na mesma proporção, os ajustes e as baixas do saldo da mais valia que será desdobrada na Investidora.

Seguindo a mesma racional, para outros itens classificáveis no circulante, a exemplo de estoques, a mais valia seria baixada em função da realização do custo daquele mesmo ativo mediante as diversas forma possíveis, como ocorre na hipótese de venda.

A dedutibilidade dessas parcelas, no entanto, está condicionada a eventos específicos que podem envolver a baixa do valor contábil da participação, em virtude da alienação ou liquidação, e, de modo especial, em eventos que redundem confusão patrimonial, como ocorre, tipicamente, na incorporação.

Assim, passemos a analisar uma hipótese de alocação de parcelas do valor justo em ativos, circulante e não circulante, seguida, de evento de incorporação, como apresentado, adiante:

Informações do Caso:

- Empresa "A" adquire uma participação equivalente a 80% das ações da empresa "B" (Adquirida). Todas as ações emitidas pela empresa B são da espécie ordinária. As demais ações permanecem sob a titularidade de outros acionistas não vinculados;
- O valor da transação é de $180 milhões;
- O patrimônio Líquido da Adquirida, na data base de avaliação, é de $ 150 milhões;
- Os itens que influenciaram a avaliação são componentes do circulante (estoques de insumos) e do não circulante (imobilizado);
- Os estoques da empresa "B" são adquiridos em condições vantajosas, face à existência de um contrato de longo prazo 2 (anos), fixando um preço aproximadamente 30% inferior ao que seria obtido em transações similares. O saldo dos estoques na data base de avaliação era de $40 milhões; e
- Os itens componentes do imobilizado montam $50 milhões, sendo o valor de reposição estimado em $80 milhões.

O desdobramento do valor do investimento apresentaria os seguintes valores (em milhares):

ANÁLISE DOS EFEITOS FISCAIS EM EVENTOS ESPECÍFICOS

Desdobramento do Custo	100%	80%
PL da Adquirida	120.000	96.000
Mais Valia de Estoques	17.000	13.600
Mais Valia de Imobilizado	30.000	24.000
Total dos Ativos Líquidos	167.000	133.600
Custo de Aquisição		180.000
Parcela não alocada (goodwill)		46.400

A seguir, são apresentadas as demonstrações financeiras da Adquirida e da Adquirente.

Balanço Patrimonial da Empresa "Adquirida"

ATIVO		PASSIVO	
Circulante	**130.000**	**Circulante**	**60.000**
Caixa/Equivalentes	20.000	Fornecedores	40.000
Recebíveis	70.000	Outras Obrigações	20.000
Estoques	40.000		
Não Circulante	**50.000**		
Imobilizado	50.000	Patrimônio Líquido	120.000
TOTAL do ATIVO	**180.000**	**TOTAL do PASSIVO/PL**	**180.000**

Balanço Patrimonial da "Adquirente"

ATIVO		PASSIVO	
Circulante	**20.000**		
Caixa/Equivalentes	20.000		
Não Circulante	**180.000**	**Não Circulante**	**120.000**
Controlada Vlr. PL	96.000	Financiamentos	120.000
Controlada Mais Valia	37.600		
Goodwill Controlada	46.400	Patrimônio Líquido	80.000
TOTAL do ATIVO	**200.000**	**TOTAL do PASSIVO/PL**	**200.000**

Conforme comentado em outras oportunidades, podemos perceber que o valor do ágio é meramente residual e se reporta à parcela da contraprestação não alocada.

Em momento subsequente, estamos assumindo que houve os seguintes eventos:

- Realização de 60% dos estoques, com resultado líquido de 30%;
- Depreciação correspondente a 5% dos itens do imobilizado.

Teríamos, então, as seguintes conciliações:

Baixa de Estoques (Adquirida)	24.000
Depreciação (Adquirida)	2.500
(1) Subtotal	26.500
% de Participação	80%
(2) Participação da Adquirente	21.200
Baixa de Estoques (consolidado)[1]	27.360
Depreciação (consolidado)[1]	3.200
(3) Subtotal	30.560
Baixa da Mais Valia (3) - (2)	9.360

Resultado da Adquirida	Vlr.
Vlr. venda dos estoques	34.286
Custo	(24.000)
Depreciação	(2.500)
Resultado apurado	7.786
% de Participação	80%
Participação da Adquirente	6.229

[1] Impactos no resultado consolidado.

Controlada Vlr. PL			Controlada Mais Valia	
*	96.000	*	37.600	–
(1)	6.229		–	9.360 (2)
	102.229		28.240	

Resultado de Equivalência			Baixa da Mais Valia	
	6.229 (1)	(2)	9.360	
	6.229		9.360	

.* Saldos iniciais
[1] Resultado de equivalência
[2] Baixa da parcela da mais valia, correspondente à realização econômica dos bens na Adquirida

O valor baixado como mais valia não será computado nas bases do IRPJ e da CSLL, cabendo a sua adição e o seu devido controle como diferença temporária, através da Escrituração Contábil Fiscal (ECF).

As demonstrações da adquirida e da adquirente, são apresentadas, a seguir:

Balanço Patrimonial da "Adquirente" - PÓS INCORPORAÇÃO

ATIVO		PASSIVO	
Circulante	**167.086**	**Circulante**	**60.000**
Caixa/Equivalentes	40.000	Fornecedores	40.000
Recebíveis	104.286	Outras Obrigações	20.000
Estoques	22.800	**Não Circulante**	**120.000**
		Financiamentos	120.000
Não Circulante	**122.400**	**Patrimônio Líquido**	**109.486**
Imobilizado	76.000	Controladores	76.869
Ágio Controlada	46.400	Minoritários	32.617
TOTAL do ATIVO	**289.486**	**TOTAL do PASSIVO/PL**	**289.486**

Consideremos, agora, como etapa final, a ocorrência do evento de incorporação da adquirida, por parte da adquirente. O balanço pós-incorporação considera a hipótese de uma relação de troca ao par entre os minoritários e controladores. O impacto do correspondente valor justo é apresentado abaixo:

Nesse caso, teríamos os seguintes efeitos fiscais:

Ref.	Informações	$
1	Mais Valia desdobrada no reconhecimento inicial	37.600
2	Parcela realizada antes do evento da incorporação	9.360
3	Mais Valia remanescente	28.240
4	Goodwill desdobrado no reconhecimento inicial	46.400
5	Valor passível de exclusão (2+ 4)	55.760
6	Valor a ser incorporado ao custo dos bens transferidos (3)	28.240

ANÁLISE DOS EFEITOS FISCAIS EM EVENTOS ESPECÍFICOS

As seguintes conclusões podem ser pontuadas:

- A mais valia remanescente, apontada no caso (Ref. 6, do quadro acima), será incorporada ao custo dos respectivos itens do ativo (no exemplo, estoques e imobilizado), os quais foram transferidos para a sucessora por ocasião desse evento;
- As realizações econômicas subsequentes que afetem o valor destes ativos, passam a considerar em sua composição a parcela relativa à mais valia incorporada, sendo esse custo adicional realizado, dedutível nas bases do IRPJ e da CSLL;
- A dedutibilidade da mais valia, incorporada ao custo dos ativos (no exemplo acima, a Ref. 6), estará condicionada ao controle individualizado dos seus saldos por meio de subcontas;
- O montante da mais valia realizada anteriormente ao evento da incorporação (Ref. 2, do quadro acima) tem a sua dedutibilidade alcançada via exclusão, considerando um prazo mínimo de 5 (cinco) anos a contar do evento da incorporação; e
- Em relação ao saldo do *goodwill* desdobrado por ocasião do reconhecimento inicial da participação (Ref. 4), é igualmente permitida a exclusão nas bases do IRPJ e da CSLL, apuradas em cada período, considerando, ainda, que a parcela máxima a ser excluída em cada mês que componha o período de apuração não poderá ultrapassar o limite de 1/60 (um, sessenta avos) do saldo inicial a ser amortizado fiscalmente.

As amortizações fiscais (exclusão) nas duas últimas situações acima estão submetidas à uma limitação temporal, notadamente, quanto ao prazo mínimo. Por outro lado, a inexistência de um prazo máximo permite ao contribuinte usufruir desses efeitos a qualquer tempo, sem riscos de prescrição.

Para a parcela destacada como goodwill, a amortização fiscal não é vinculada a amortização contábil, a qual somente ocorrerá em casos excepcionais, conforme já comentado em tópicos anteriores. O mesmo se diga em relação a eventuais reduções ou baixas a título de *impairment*, cujos valores não afetarão as bases fiscais.

Em todo caso, é imperioso constatar que a ordem de preferência na alocação de parcelas do valor contábil reduz a possibilidade de atribuição arbitrária de valores segundo a conveniência do contribuinte, além de outras formalidades e condições já tratadas até o momento. Isso, sem dúvidas, pode influenciar significativamente a expectativa de realização fiscal dos valores envolvidos.

Conforme comentado no capítulo 3, o montante da mais valia que é acrescido ao custo dos bens não será considerado para fins de desconto de créditos[117] no tocante a determinação do valor das contribuições sociais (PIS/COFINS) calculadas pelo regime de incidência não cumulativa.

4.2. Reconhecimento e Alocação do Valor Justo a Ativos Intangíveis

A alocação de parcelas do valor contábil como mais valia atribuível aos itens classificados como intangíveis, de per si, não constitui uma vedação à dedutibilidade desses valores, já que tal fruição sempre terá como premissa a ocorrência da alienação/liquidação ou a incorporação da participação societária. Todavia, poderá afetar de modo substancial a expectativa quanto a realização fiscal, face a ausência de amortização contábil para esses itens.

Mesmo no âmbito das disposições anteriores à Lei nº 12.973/14, a dedutibilidade de parcelas da contraprestação atribuída a intangíveis também era bastante restrita, eis que a amortização dos correspondentes saldos após a incorporação era vedada, ainda que essa limitação pudesse ser contornada[118], como nos casos em que verificada a perda ou a extinção do correspondente direito, ao tempo do encerramento da atividade da sucessora ou no caso de direitos com prazo determinado.

Retornando às regras atuais, a grande questão a ser colocada está no momento em que a dedutibilidade de valores alocados a intangíveis se torne efetiva, relativamente aos eventos que configurem alguma forma de confusão patrimonial, mais comumente, verificada nas hipóteses de incorporação.

---

[117] Vide, art. 3º, §28, da Lei nº 10.833/03, na redação que lhe é conferida pelo art. 55, da Lei nº 12.973/14.

[118] De acordo com o art. 20, §2º, "*c*", III, do Decreto-Lei 1.598, de 26.12.77 (dispositivo em referência, revogado pela Lei nº 12.973/14), em combinação ao art. 7º, da Lei nº 9.532, de 10.12.97.

Isto se deve ao fato de que a dedução está vinculada à realização econômica, materializada pela eventual baixa a qualquer título ou, quando cabível, mediante amortização do intangível.

Como já sabemos, a amortização para itens dessa natureza é uma exceção, o que poderia sugerir que tais saldos se mantenham no tempo, impactados por ajustes derivados de perda por redução ao valor recuperável (*impairment*[119]). Esse aspecto pode afastar temporalmente a dedutibilidade sobre tais valores e sem expectativa de prazo, a depender de cada caso, sendo certo que, nessas hipóteses, o impacto sobre o retorno do investimento na aquisição da participação será influenciado de forma sensível, sobretudo quando os intangíveis identificados na transação tenham grande relevância para fins de alocação do preço.

Assim, consideremos o seguinte caso, abaixo:

Informações do Caso:

- Determinada empresa adquire participação equivalente à quase totalidade das ações de outra empresa (Adquirida). Ambas, dedicadas ao segmento de execução de obras públicas de infraestrutura;
- O valor da transação é de $60 milhões;
- O patrimônio Líquido da Adquirida, na data base de avaliação, é de $ 6 milhões;
- A precificação da participação adquirida está diretamente associada aos seguintes itens: a) certificações de execução e conclusão de obras; b) contratos já licitados e em execução; c) reconhecimento no mercado; e d) capital humano, envolvendo o grau de qualificação de pessoal, custo de contratação e treinamento; e
- O montante desses intangíveis, não registrados, está avaliado ao valor justo de $ 52 milhões.

---

[119] A perda por *impairment* não será computada nas bases de incidência do IRPJ e da CSLL, em face de restrição contida no art. 32, da Lei nº 12.973/14, salvo quando ocorrer alienação do bem ou direito.

Abaixo, são apresentadas as demonstrações da Adquirida e da Adquirente.

Balanço Patrimonial da Empresa "Adquirida"

ATIVO		PASSIVO	
Circulante	5.000	**Circulante**	1.000
Caixa/Equivalentes	1.000	Fornecedores	1.000
Recebíveis	4.000		
Não Circulante	2.000		
Imobilizado	2.000	**Patrimônio Líquido**	6.000
TOTAL do ATIVO	7.000	**TOTAL do PASSIVO/PL**	7.000

Balanço Patrimonial da "Adquirente"

ATIVO		PASSIVO	
Circulante	50.000	**Circulante**	35.000
Caixa/Equivalentes	10.000	Fornecedores	20.000
Recebíveis	40.000	Provisões	15.000
Não Circulante	60.000		
Controlada Vlr. PL	6.000		
Controlada Mais Valia	52.000	**Patrimônio Líquido**	75.000
Goodwill Controlada	2.000		
TOTAL do ATIVO	110.000	**TOTAL do PASSIVO/PL**	110.000

Tal como verificado em outros exemplos, a mais valia derivada dos ativos identificados não é objeto de registro na adquirida.

A dedutibilidade dos valores envolvidos permanece vinculada às hipóteses de alienação/liquidação ou incorporação, sendo que, no exemplo acima, a possibilidade prática de realização fiscal integral (na hipótese de incorporação) é remota, face à alocação da parcela mais significativa aos intangíveis.

Ainda que se considere o evento "incorporação" como marco para o início da fruição da dedutibilidade fiscal, temos que esse efeito somente se tornaria factível em função de uma eventual realização econômica dos respectivos ativos líquidos, via a depreciação, amortização ou baixa a outro título, inclusive alienação.

No caso dos intangíveis, a amortização é admissível quando se tratar de ativos que tenham vida útil definida, considerando o seu prazo estimado[120]. Diversamente, para ativos com prazo indeterminado, a orientação das normas internacionais é no sentido do não reconhecimento da amortização, mantida, no entanto, a obrigação de realização de exames periódicos de redução ao valor recuperável, de acordo com os itens 107 e 108, ambos, do Pronunciamento 04, do CPC, abaixo reproduzidos:

> "107. Ativo intangível com vida útil indefinida não deve ser amortizado. 108. De acordo com o Pronunciamento Técnico CPC 01 – Redução ao Valor Recuperável de Ativos, a entidade deve testar a perda de valor dos ativos intangíveis com vida útil indefinida, comparando o seu valor recuperável com o seu valor contábil: (a) anualmente; e (b) sempre que existam indícios de que o ativo intangível pode ter perdido valor."

---

[120] Pronunciamento 04, do CPC, item 97: O valor amortizável de ativo intangível com vida útil definida deve ser apropriado de forma sistemática ao longo da sua vida útil estimada. A amortização deve ser iniciada a partir do momento em que o ativo estiver disponível para uso, ou seja, quando se encontrar no local e nas condições necessárias para que possa funcionar da maneira pretendida pela administração. CPC_04(R1) 25 A amortização deve cessar na data em que o ativo é classificado como mantido para venda ou incluído em um grupo de ativos classificado como mantido para venda, de acordo com o Pronunciamento Técnico CPC 31 – Ativo Não Circulante Mantido para Venda e Operação Descontinuada, ou, ainda, na data em que ele é baixado, o que ocorrer primeiro. O método de amortização utilizado reflete o padrão de consumo pela entidade dos benefícios econômicos futuros. Se não for possível determinar esse padrão com confiabilidade, deve ser utilizado o método linear. A despesa de amortização para cada período deve ser reconhecida no resultado, a não ser que outra norma ou pronunciamento contábil permita ou exija a sua inclusão no valor contábil de outro ativo.

Assumindo que os intangíveis identificados no exemplo não estejam sujeitos à amortização, a sua realização fiscal, em uma hipótese de incorporação teria os seguintes efeitos (balanço da adquirente após a incorporação):

Balanço Patrimonial da "Adquirente" após a incorporação

ATIVO		PASSIVO	
Circulante	**55.000**	**Circulante**	**36.000**
Caixa/Equivalentes	11.000	Fornecedores	21.000
Recebíveis	44.000	Provisões	15.000
Não Circulante	**56.000**		
Imobilizado	2.000		
Intangíveis (Mais Valia)	52.000	**Patrimônio Líquido**	**75.000**
Goodwill	2.000		
TOTAL do ATIVO	**111.000**	**TOTAL do PASSIVO/PL**	**111.000**

A realização fiscal, restrita em um primeiro momento ao saldo do *goodwill*, seria sintetizada dessa forma:

Exclusão	$ 400	$ 400	$ 400	$ 400	$ 400
Período	ano 1	ano 2	ano 3	ano 4	ano 5

[1] Considerando o valor máximo de 1/60 avos para cada mês do período de apuração.
[2] A recuperação fiscal máxima seria da ordem de $ 680 (34%).

Note que a parcela alocada aos intangíveis, não amortizada contabilmente (como seria esperado) deixa de produzir efeito fiscal, face a ausência de previsão legal que permita a sua exclusão nas bases do IRPJ e da CSLL. Essa aparente desvantagem fiscal, contudo, não decorre de qualquer opção do contribuinte, em razão da prevalência do valor justo sobre os ativos líquidos identificados, o que, inexoravelmente, inclui os intangíveis como apresentado no exemplo, de modo que o *goodwill* desdobrado sempre terá natureza residual.

Em termos práticos, a relevância dos ativos intangíveis identificados no reconhecimento inicial da participação é inversamente proporcional à expectativa de realização fiscal do ágio apurado na transação, salvo nos casos em que os intangíveis apresentados atendam as condições necessárias para determinar a sua amortização contábil.

A partir do simples exemplo ilustrado neste tópico, podemos concluir que as análises financeiras quanto ao retorno da participação adquirida devem estar apoiadas no prévio entendimento quanto aos critérios de desdobramento do valor do investimento.

4.3. Passivos Contingentes na Combinação de Negócios

Os critérios para mensuração e o reconhecimento de provisões, passivos e ativos contingentes estão disciplinados pelo Pronunciamento nº 25 (CPC). A mencionada disciplina estabelece as condições para o reconhecimento de passivos e ativos, e, adicionalmente, orienta, em caráter complementar, a divulgação de informações relacionadas ao tema, por meio de notas explicativas versando a respeito da natureza e o valor dos eventos, reconhecidos ou não, que representam impactos de ordem patrimonial.

Para os devidos efeitos, esses eventos podem ser inicialmente classificados como demandas passivas ou ativas, sob a seguinte ótica:

- Passivos: Relativamente aos eventos conhecidos e cujo desfecho poderá representar uma saída de caixa ou equivalente, para a sua liquidação no futuro; e
- Ativos: Quando se reportar a eventos que apresentem expectativa de realização futura de fluxos financeiros positivos.

É importante observar que esse critério inicial de classificação não se vincula, necessariamente, à qualidade da Entidade em uma eventual relação jurídico-processual (polo processual), mas, associada à perspectiva de desembolso para liquidação de um passivo ou entrada de caixa ou equivalente na realização de um ativo contingente.

Uma Entidade pode figurar no polo ativo de uma ação, na qual esteja discutindo a obrigação de efetuar um pagamento, supostamente devido em decorrência de uma relação contratual. No entanto, o insucesso dessa demanda, representará, no futuro, um desembolso financeiro por parte dessa mesma Entidade (que é autora da ação). Nesse caso, se trata de um evento passivo. Portanto, uma perspectiva de ordem essencialmente patrimonial.

Este mesmo conceito é utilizado neste capítulo para definir, especialmente, as situações qualificadas como "provisões", que se reportam aos passivos de prazo ou montante indeterminado[121], e aos "passivos contingentes".

Nos termos do citado Pronunciamento nº 25 (CPC), "Passivo contingente é:

> "(...) uma obrigação possível que resulta de eventos passados e cuja existência será confirmada apenas pela ocorrência ou não de um ou mais eventos futuros incertos não totalmente sob controle da entidade; ou
> **uma obrigação presente que resulta de eventos passados, mas que não é reconhecida porque:**
> **não é provável que uma saída de recursos que incorporam benefícios econômicos seja exigida para liquidar a obrigação;**
> ou o valor da obrigação não pode ser mensurado com suficiente confiabilidade".

O reconhecimento desses eventos deve observar a escala de prognósticos[122], cuja avaliação aplicável aos Passivos (contingentes) é resumida, abaixo:

---

[121] Vide item 7, do Pronunciamento nº 25 (CPC).
[122] As melhores práticas recomendam, sempre, a revisão periódica dos respectivos prognósticos.

ANÁLISE DOS EFEITOS FISCAIS EM EVENTOS ESPECÍFICOS

Prognóstico	Evidência	Reconhecimento da Provisão	Divulgação
Risco Provável	Há forte (ou clara) indicação de que haverá saída de recursos para a sua liquidação	Aplicável	Aplicável
Risco Possível	Não há clara indicação quanto à necessidade de liquidação obrigação	Não Aplicável	Aplicável
Risco Remoto	Os elementos conhecidos indicam que não haverá obrigação de liquidação do passivo	Não Aplicável	Não Aplicável

Cabe ressaltar que para os passivos qualificados como "obrigações legais"[123], o reconhecimento independe do prognóstico atribuído, bastando que se verifique as condições legais ou contratuais determinadas para o surgimento da obrigação.

As práticas atuais também recomendam que os prognósticos, determinados segundo a escala acima, sejam testados e confirmados com base em critérios objetivos, preferencialmente, com lastro em modelos matemáticos. Esse aspecto não é abordado nessa oportunidade, dentre outros detalhes pertinentes ao tema.

A aplicação dos critérios anteriormente destacados apresenta exceção no caso das transações qualificadas como combinação de negócios, e especialmente no que diz respeito aos passivos enquadrados no grau de "risco possível", de acordo com a orientação contida no Pronunciamento 15[124] (R1), emitido pelo CPC.

---

[123] Obrigação derivada de lei ou contrato.

[124] Pronunciamento 15 (R1), item 23: "As exigências do Pronunciamento Técnico CPC 25 – Provisões, Passivos Contingentes e Ativos Contingentes não se aplicam na determinação de quais passivos contingentes devem ser reconhecidos na data da aquisição. Em vez disso, o adquirente deve reconhecer, na data da aquisição, um passivo contingente assumido em combinação de negócios se ele for uma obrigação presente que surge de eventos passados e se o seu valor justo puder ser mensurado com confiabilidade. Portanto, de forma contrária ao Pronunciamento Técnico CPC 25, o adquirente deve reconhecer, na data da aquisição, um

Esse grau de atribuição de risco (possível) compreende situações para as quais há incertezas a respeito da confirmação de um ou mais eventos necessários a exigibilidade de obrigações. Como exemplo, consideremos que uma entidade seja demanda por um terceiro, figurando no polo passivo de uma discussão de ordem comercial e cujo desfecho desfavorável lhe imponha a obrigação pelo pagamento de uma determinada quantia.

Consideremos, no entanto, que os fatos conhecidos até o momento não conferem indicativos razoáveis quanto ao desfecho da demanda, se favorável ou desfavorável aos interesses da entidade. Nesse cenário, há incertezas quanto a real necessidade de desembolsos ou qualquer esforço financeiro para a liquidação desse passivo. O prognóstico mais adequado para essa hipótese é o de risco "possível". Nesse caso, teríamos um passivo contingente[125].

Os passivos, assim qualificados, não são objeto de reconhecimento, em que pese a sua identificação e descrição por meio de nota explicativa se faça necessário, exceto quando qualificados como obrigação legal, hipótese em que o seu reconhecimento é mandatório independente do grau de risco avaliado.

No âmbito das transações qualificadas como combinação de negócios, essa situação é tratada como exceção, de acordo com a orientação do item 23, do Pronunciamento 15 (R1), impondo o reconhecimento desses passivos (avaliados como de risco de possível). Esse reconhecimento, no entanto, é efetuado pela entidade adquirente e exerce influência direta no desdobramento dos correspondentes valores por ocasião do reconhecimento inicial de uma participação societária adquirida.

Então, se um passivo (contingente) conhecido e não qualificado como obrigação legal ou contratual, deixa de ser registrado em razão do grau de risco atribuído, mormente, externado por consultores jurídicos, não há

---

passivo contingente assumido em combinação de negócios, mesmo se não for provável que sejam requeridas saídas de recursos (incorporando benefícios econômicos) para liquidar a obrigação. O item 56 orienta a contabilização subsequente de passivos contingentes.".

[125] O Pronunciamento Técnico CPC 25 conceitua passivo contingente como: "(a) uma possível obrigação que resulta de eventos passados e cuja existência será confirmada apenas pela ocorrência ou não de um ou mais eventos futuros incertos não totalmente sob controle da entidade; ou (b) uma obrigação presente que resulta de eventos passados, mas que não é reconhecida porque: (i) não é provável que uma saída de recursos que incorporam benefícios econômicos seja exigida para liquidar a obrigação; ou (ii) o montante da obrigação não pode ser mensurado com suficiente confiabilidade".

reconhecimento de provisão por parte da entidade. Mas, sob a perspectiva do adquirente, na ocorrência de uma transação envolvendo a transferência do controle dessa entidade e por ocasião do reconhecimento inicial em uma combinação de negócios, o reconhecimento do correspondente passivo se torna cabível (pelo adquirente).

O valor do passivo contingente, reconhecido em decorrência da combinação é integrado ao montante da contraprestação transferida para aquisição do controle.

Traduzindo em valores, consideremos o caso a seguir:
- Empresa "A" adquire participação equivalente a 55% (cinquenta e cinco por cento) das ações que representam o capital da Empresa "B";
- Todas as ações emitidas por "B" são da espécie ordinária e as partes são independentes;
- O valor da transação é de $28 milhões;
- O patrimônio Líquido da Adquirida, na data base de avaliação, é de $ 42 milhões;
- A mais valia sobre os ativos líquidos identificados é de $ 16 milhões;
- A Empresa "B" apresenta passivos (contingentes) no montante de $ 18 milhões, avaliados com o grau de risco "possível", os quais não estão reconhecidos em demonstrações financeiras.

Vejamos, então, como se apresentaria o desdobramento dos valores na fase de reconhecimento inicial da participação adquirida:

Desdobramento do Custo	100%	55%
PL da Adquirida	42	23
Mais Valia (ativos líquidos)	16	9
Total dos Ativos Líquidos	58	32
Preço de Transação		28
Passivo Contingente	18	10
Contraprestação Total		38
Parcela não alocada (goodwill)		6

COMBINAÇÃO DE NEGÓCIOS

A seguir, são apresentadas as demonstrações financeiras (em milhões $), da adquirida e da adquirente.

Balanço Patrimonial da Empresa "Adquirida"

ATIVO		PASSIVO	
Circulante	35	**Circulante**	30
Caixa/Equivalentes	2	Fornecedores	15
Recebíveis	10	Empréstimos/Financ.	10
Estoques	15	Obrigações Tributárias	5
Ativos Dispon. p/venda	8	**Não Circulante**	15
Não Circulante	52	Empréstimos/Financ.	15
Contas a receber	22		
Imobilizado	30	**Patrimônio Líquido**	42
TOTAL do ATIVO	87	**TOTAL do PASSIVO/PL**	87

Balanço Patrimonial da "Adquirente"

ATIVO		PASSIVO	
Circulante	50	**Circulante**	5
Caixa/Equivalentes	10	Outros Passivos	5
Aplicações Financeiras	40	**Não Circulante**	25
Não Circulante	38	Empréstimos/Financ.	15
Controlada Vlr. PL	23	Passivo Contingente	10
Mais Valia	9		
Goodwill Controlada	6	**Patrimônio Líquido**	58
TOTAL do ATIVO	88	**TOTAL do PASSIVO/PL**	88

Note que o valor atribuído ao passivo contingente é reconhecido pela adquirente, com base no seu correspondente valor justo, e, igualmente, apresentado nas demonstrações consolidadas.

Um efeito que pode ser observado é que o desdobramento do passivo contingente afeta diretamente o reconhecimento do *goodwill*, na medida em que está integrado ao montante total da contraprestação vinculada à aquisição do controle, e, nesse caso, contribuindo para o seu incremento.

A confirmação dessa conclusão pode ser melhor visualizada a partir do quadro comparativo abaixo, que considera a hipótese de não reconhecimento do passivo contingente (sem aplicação da exceção prevista no item 23, CPC15) em comparação ao desdobramento demonstrado anteriormente:

Cenários	Com o Passivo Contingente	Sem o Passivo Contingente
Contraprestação Total	38	28
Vlr. Justo da Participação	32	32
Parcela não alocada (goodwill)	6	
Ganho por compra vantajosa		4
Efeito fiscal potencial (34%)[1]	2,04	1,33

([1]) considerando as alíquotas nominais do IRPJ e da CSLL (regra geral), exceto no caso de seguradoras, instituições financeiras e equiparadas.

A depender da situação, a aplicação da regra comentada neste capítulo pode vir a gerar incremento no valor residual desdobrado como *goodwill*, na medida em que o montante da contraprestação é majorado pelo valor do passivo contingente. Exceto, quando o valor equivalente ao passivo contingente tenha sido objeto de retenção ou permita ao adquirente o direito a reembolso futuro, a depender da estruturação contratual estabelecida na transação (contraprestação contingente passiva e ativa).

A realização fiscal do *goodwill* e do valor da mais valia segue os mesmos critérios mencionados em tópicos anteriores, observada a ocorrência de eventos associados à alienação/baixa da participação societária ou incorporação.

Por outro lado, eventos subsequentes ao reconhecimento inicial da participação podem ocasionar alterações do saldo da provisão contingente, gerando reversões parciais dos saldos apurados em razão de revisões posteriores de prognósticos de riscos atribuídos, inclusive quando verificados desfechos da demanda favoráveis ou não à sociedade adquirida.

Este evento é distinto da aquisição do negócio, porém quando verificado dentro do período de mensuração, é cabível o ajuste retrospectivo do saldo do valor justo do passivo contingente em contrapartida do valor do ágio (*goodwill*) que tenha sido desdobrado, sob a premissa de se tratar de um evento que altera a base da avaliação. Esses aspectos foram tratados no capítulo 2.4 "Período de Mensuração ou Maturidade".

Todavia, como grande parte dos passivos contingentes em casos concretos pode estar vinculada a discussões jurídicas de diversas naturezas, cuja complexidade material e formal não permite o seu deslinde no curto prazo, o cenário mais provável é que novos fatos capazes de alterar os seus montantes e perspectivas sejam verificados após o período de mensuração.

Para esses casos, os ajustes não podem mais produzir impactos no saldo do *goodwill*, mas, afetam o adquirente do ponto de vista patrimonial.

Basicamente, podemos distinguir dois desfechos, com consequências jurídicas distintas e associadas à ocorrência de "fato novo", tendo, ainda, como premissa de que se trata de um evento cuja materialização seja **posterior ao período de mensuração**:

Confirmação da contingência ou agravamento do prognóstico[126] de risco atribuído originalmente pela sociedade adquirida (de "possível" para "provável"), impondo o dever de reconhecimento da provisão correspondente (pela adquirida); ou

Redução do prognóstico de risco atribuído (de "possível" para "remoto") ou a mera extinção da contingência sem liquidação financeira, em razão de um desfecho favorável à adquirida.

Para essas hipóteses, a Lei nº 12.973/14 assim como a correspondente regulamentação[127], deixaram de contemplar disciplina própria, diversamente

---

[126] Em qualquer hipótese, a alteração dos prognósticos de riscos, seja o seu agravamento ou redução, deve estar necessariamente associada à ocorrência de fatos novos que afetem juridicamente o conteúdo da discussão envolvida.

[127] Instrução Normativa RFB nº 1.700/17.

dos demais casos que envolvem a mais valia e/ou menos valia ou nos ganhos por compra vantajosa, para os quais a regra fiscal é o do diferimento da tributação para o momento da alienação da participação ou realização de bens e direitos.

Objetivando uma melhor compreensão desses efeitos, analisemos os desdobramentos diante dos dois possíveis desfechos após a aquisição, tomando por base os mesmos valores anteriormente apurados no reconhecimento inicial da participação ilustrada nesse tópico.

Cenário 1. Reconhecimento do Passivo pela Adquirida:
Essa situação, conforme brevemente comentado, decorreria do agravamento do risco da contingência conhecida, de "possível" para "provável", hipótese em que o reconhecimento da provisão por parte da adquirida se torna exigível.

Esse evento pode ocorrer em dois momentos distintos:

Durante o período de mensuração: Nesse cenário, caberia a revisão do desdobramento efetuado no reconhecimento inicial. Basicamente, o ajuste compreenderia a baixa do passivo contingente em contrapartida do valor do investimento. Para os casos de retenção ou de direito ao reembolso de parte do preço, os ajustes seriam inicialmente refletidos em contrapartida da contraprestação contingente ativa ou passiva, conforme o caso.

Após o período de mensuração: Para eventos ocorridos após esse período, os ajustes seriam restritos ao valor equivalido do investimento em contrapartida do resultado do período. Eventual parcela retida da contraprestação ou passível de reembolso resultaria no reconhecimento de ganho ou perda.

Em relação aos ajustes promovidos durante o período de mensuração, não restaria qualquer impacto fiscal imediato, já que a dedutibilidade do *goodwill* como a tributação do ganho por compra vantajosa (por excesso de valor justo), quando afetados por esse ajuste, estão vinculadas à realização da participação societária. Já analisado em capítulos anteriores.

Para os impactos reconhecidos diretamente no resultado, derivados de ajustes promovidos após o período de mensuração, salvo quando se tratar de contraprestações contingentes, os seus efeitos fiscais seriam imediatamente percebidos no momento do seu reconhecimento, face a ausência de qualquer previsão legal a permitir o seu diferimento.

COMBINAÇÃO DE NEGÓCIOS

As situações em comento poderiam assim ser demonstradas:

Para o ajuste efetuado durante o período de mensuração, **sem considerar qualquer hipótese de retenção ou reembolso parcial de preço**, haveria um novo desdobramento e os seguintes ajustes:

Desdobramento do Custo	100%	55%
PL da Adquirida	24	13
Mais Valia (ativos líquidos)	16	9
Total dos Ativos Líquidos	40	22
Preço de Transação		28
Passivo Contingente		-
Contraprestação Total		28
Ganho por compra vantajosa		6

Efeitos na ADQUIRIDA

Passivo/Provisão			Resultado	
-	-	(1) (1)	-	-
-	18	(2) (2)	18	-
	(18)		18	

(1) Sd. no reconhecimento inicial.
(2) Reconhecimento do passivo na adquirida (montante integral)

	Investida Vlr. PL		Passivo Contingente	
(1)	23		-	10 (1)
	-	10 (2) (2)	10	-
	13		10	

(1) Sd. no reconhecimento inicial. O valor do passivo contingente é proporcional ao percentual de participação.
(2) Baixa do passivo contingente em contrapartida do valor do investimento

Caso o reconhecimento do passivo pela adquirida viesse a ocorrer após o período de mensuração, as contrapartidas do ajuste do valor de equivalência e baixa do passivo contingente seriam refletidas diretamente no resultado do período correspondente.

Cenário 2. Redução do Risco com Estorno do Passivo
Essa outra vertente, de modo inverso, sinaliza uma situação na qual o risco inicialmente atribuído seja reduzido e classificado como "remoto", pela ocorrência de um fato novo ou quando a contingência seja extinta em razão de um desfecho favorável.

Nessa hipótese, nenhum procedimento é exigido em relação à adquirida, já que o seu patrimônio não terá sofrido qualquer impacto. Para o adquirente, a obrigação de manutenção do passivo se torna desnecessária, cabendo a sua reversão.

Quando tal ocorrência é verificada ainda durante o período de mensuração, a revisão do reconhecimento inicial é igualmente válida.

Diversamente, a reversão da provisão após o período de mensuração poderá ocasionar impactos diretamente no resultado da adquirente, sobretudo nos casos em que a baixa desse passivo seja superior a eventual contraprestação ativa, para o qual não é contemplado tratamento fiscal especial que permita o diferimento dos seus efeitos no tempo, face à omissão do texto da Lei nº 12.973/14 e a sua regulamentação. Essa lacuna pode levar a conclusão pela tributação imediata desse ganho no período de apuração em que ocorrer o seu reconhecimento.

A notória ausência de disposição legal no sentido de permitir o diferimento da incidência fiscal sobre o ganho decorrente da reversão do passivo pode criar um substancial descompasso, já que o seu valor integra o montante da contraprestação transferida. Por outro lado, a dedutibilidade das parcelas desdobradas como mais valia e/ou *goodwill* se mantem diferida e condicionada a realização da participação adquirida.

A incongruência derivada da ausência de um tratamento fiscal específico ao caso, no mínimo, foge ao objetivo das disposições legais que disciplinam as operações que envolvem a combinação de negócios, as quais tem como pressuposto a ocorrência de eventos vinculados à realização ou liquidação da participação adquirida, além das hipóteses de concentração, a exemplo da incorporação.

4.4. Ganho por Compra Vantajosa

Em determinadas transações é possível que o valor justo dos ativos líquidos exceda o valor total da contraprestação transferida pelo adquirente. É o que se denomina como: ganho por excesso de valor justo.

Essa situação pode ocorrer em virtude da mensuração do valor justo dos ativos líquidos envolvidos, os quais, em negócios maduros, tendem a superar os seus correspondentes valores contábeis, em grande parte, limitados ao custo histórico, além do efeito das sinergias geradas pela combinação de operações do adquirente. Ainda, no conjunto dos ativos líquidos, um fator que exerce grande influência é a precificação dos intangíveis, mormente não reconhecidos nas demonstrações financeiras da adquirida, face às restrições cabíveis[128], ou mesmo quando houver sensível valorização de outros ativos originalmente submetidos a critérios de avaliação diversa do valor justo.

Diferentemente das práticas contábeis anteriores, o parâmetro adotado para apuração do ganho é o valor da contraprestação transferida[129], de modo que a parcela do valor justo dos ativos líquidos que exceder à contraprestação constituirá ganho para o adquirente no momento do reconhecimento inicial da combinação, conforme a orientação constante do item 34, do Pronunciamento nº 15 (CPC), como se verifica, abaixo:

> "Compra vantajosa
> 34. Ocasionalmente, um adquirente pode realizar uma compra vantajosa, assim entendida como sendo uma combinação de negócios **cujo valor determinado pelo item 32(b) é maior que a soma dos valores especificados no item 32(a)**. Caso esse excesso de valor permaneça após a aplicação das exigências contidas no item 36,

---

[128] Vide o Pronunciamento 04, do CPC.
[129] Em períodos pretéritos o parâmetro para a apuração da diferença positiva era o valor de patrimônio líquido da adquirida, sendo essa diferença denominada à época como "deságio" e reconhecida como redutora da rubrica que registrava o investimento, cuja realização em resultado dependia da alienação do investimento.

o adquirente deve reconhecer o ganho resultante, na demonstração de resultado do exercício, na data da aquisição. O ganho deve ser atribuído ao adquirente."

– Grifos não constantes do texto original –

O Item 32(b), por sua vez, faz referência ao montante total do valor justo dos ativos líquidos da adquirida, sendo esse montante comparado com o somatório do valor da contraprestação transferida e da participação de não controladores (32(a)).

> 32. O adquirente deve reconhecer o ágio por expectativa de rentabilidade futura (goodwill), na data da aquisição, mensurado pelo montante que (a) exceder (b) abaixo: (a) a soma: (i) da contraprestação transferida em troca do controle da adquirida, mensurada de acordo com este Pronunciamento, para a qual geralmente se exige o valor justo na data da aquisição (ver item 37); CPC15_R1 (ii) do montante de quaisquer participações de não controladores na adquirida, mensuradas de acordo com este Pronunciamento; e (iii) no caso de combinação de negócios realizada em estágios (ver itens 41 e 42), o valor justo, na data da aquisição, da participação do adquirente na adquirida imediatamente antes da combinação; (b) o valor líquido, na data da aquisição, dos ativos identificáveis adquiridos e dos passivos assumidos, mensurados de acordo com este Pronunciamento.

A apuração em questão considera o valor justo total dos ativos líquidos da adquirida, comparado com o valor da contraprestação e a parcela dos não controladores. Essa orientação se justifica em face de eventual avaliação da parcela adquirida e a da parcela restante (não controladores) em bases diferentes, evitando distorções no cálculo do excesso do valor justo apurado. Todavia, se tomado como base o mesmo critério de avaliação para a parcela de controladores e não controladores, temos que o parâmetro de aferição poderia se restringir ao valor da contraprestação e a correspondente parcela da participação adquirida.

O excesso de valor justo apurado tem como contrapartida o registro de um ganho, concomitante ao reconhecimento inicial da participação. É um evento que produz acréscimo patrimonial para o adquirente, e, portanto, deve ser precedido, em qualquer hipótese, da devida confirmação das premissas que resultaram na apuração do valor justo correspondente aos ativos líquidos, evitando, nesse caso, a apuração de valores "artificiais", cuja consequência em momento futuro seria a inevitável reversão de saldos e a distorção de informações fornecidas ao mercado, sobretudo em se tratando de sociedades sujeitas à publicação ou qualquer forma de divulgação de demonstrações financeiras.

O Pronunciamento nº 15 (R1) do CPC, por sua vez, é categórico em acentuar tal recomendação quanto à cautela no reconhecimento do ganho por compra vantajosa, como se verifica pelo seu item 36, abaixo:

> "**Antes de reconhecer o ganho decorrente de compra vantajosa, o adquirente deve promover uma revisão para se certificar de que todos os ativos adquiridos e todos os passivos assumidos foram corretamente identificados** e, portanto, reconhecer quaisquer ativos ou passivos adicionais identificados na revisão. O adquirente também deve rever os procedimentos utilizados para mensurar os valores a serem reconhecidos na data da aquisição, como exigido por este Pronunciamento, para todos os itens abaixo: (a) ativos identificáveis adquiridos e passivos assumidos; (b) participação de não controladores na adquirida, se houver; (c) no caso de combinação de negócios realizada em estágios, qualquer participação societária anterior do adquirente na adquirida; e (d) a contraprestação transferida para obtenção do controle da adquirida. **O objetivo da revisão é assegurar que as mensurações reflitam adequadamente a consideração de todas as informações disponíveis na data da aquisição**".
>
> – Grifos não constantes do texto original –

A orientação acima confirma a preocupação quanto à qualidade das informações que serão apresentadas pela sociedade adquirente, com o objetivo de afastar o reconhecimento de ganhos sem a devida sustentação econômica.

Vejamos, então, a ilustração de uma hipótese de reconhecimento do ganho por compra vantajosa derivado do excesso de valor justo dos ativos líquidos.

Empresa "DHJ" adquire participação equivalente a 70% (setenta por cento) das ações que representam o capital social da Empresa "CMA";
O valor da transação é de $110 milhões;
O patrimônio Líquido da Adquirida, na data base de avaliação, é de $ 140 milhões;
O valor justo dos ativos líquidos é de $180 milhões.

O desdobramento no reconhecimento inicial da participação seria apresentado como segue, abaixo (em milhões):

Desdobramento	100%	70%
PL da Adquirida	140	98
Mais Valia (ativos líquidos)	40	28
Total dos Ativos Líquidos	180	126
Contraprestação Total		110
Ganho por Compra Vantajosa		16

No exemplo acima, assim como nos demais, estamos considerando que o valor justo atribuível aos minoritários foi calculado de forma proporcional à sua participação no valor justo total dos ativos líquidos. Na hipótese de atribuição de valor diverso, o resultado final do desdobramento, seja um *goodwill* ou o ganho, seria afetado na devida proporção.

A lei nº 12.973/14 contempla disposições tendentes a conferir disciplina aos correspondentes efeitos fiscais em dois momentos distintos.

Por ocasião do reconhecimento inicial da participação adquirida, assim, dispõe o seu art. 27, abaixo:

"Seção VIII
Ganho por Compra Vantajosa
Art. 27. O ganho decorrente do excesso do valor líquido dos ativos identificáveis adquiridos e dos passivos assumidos, mensurados pelos respectivos valores justos, em relação à contraprestação transferida,

será computado na determinação do lucro real no período de apuração relativo à data do evento e posteriores, à razão de 1/60 (um sessenta avos), no mínimo, para cada mês do período de apuração.

Parágrafo único. Quando o ganho proveniente de compra vantajosa se referir ao valor de que trata o **inciso II do § 5º** do art. 20 do Decreto-Lei no 1.598, de 26 de dezembro de 1977, deverá ser observado, conforme o caso, o disposto no § 6º do art. 20 do mesmo Decreto-Lei ou o disposto no art. 22 desta Lei."

– grifos não constantes do texto original –

O caput do dispositivo acima considera o diferimento da incidência fiscal (IRPJ/CSLL) a partir do momento de ocorrência do "evento". Embora a terminologia adotada não esteja claramente definida naquele mesmo dispositivo, é possível inferir que o mesmo se reporta a nada mais do que a própria operação societária que tenha implicado na incorporação, cisão ou fusão, posto que essas operações são, invariavelmente, referidas pelas regras fiscais como "evento".

Por sua vez, o art. 23 da mesma Lei, em uma seção específica aos eventos de incorporação, cisão e fusão, traz a seguinte previsão:

"Seção VII
Incorporação, Fusão ou Cisão
(...)
Subseção IV
Ganho por Compra Vantajosa
Art. 23. A pessoa jurídica que absorver patrimônio de outra, em virtude de incorporação, fusão ou cisão, na qual detinha participação societária adquirida com ganho proveniente de compra vantajosa, conforme definido no § 6º do art. 20 do Decreto-Lei no **1.598, de 26 de dezembro de 1977**, deverá computar o referido ganho na determinação do lucro real dos períodos de apuração subsequentes à data do evento, à razão de 1/60 (um sessenta avos), no mínimo, para cada mês do período de apuração."

– Grifos não constantes do texto original –

Como se verifica, o evento que é tratado como marco inicial para a fluência dos efeitos fiscais, permanece sendo a incorporação, a fusão ou a cisão, salvo na hipótese de alienação da participação adquirida, situação que é disciplina no art. 20, do Decreto-Lei nº 1.598/77, na sua atual redação, contemplando também o diferimento da incidência fiscal sobre o ganho apurado, sendo, nesse caso, a alienação o evento determinante da tributação e extinção do diferimento.

Em resumo, então, teríamos o seguinte tratamento fiscal para a hipótese de apuração de ganho por compra vantajosa:

a) Alienação ou liquidação da participação ou do negócio: Nessa hipótese, o valor excluído deve ser integralmente adicionado às bases fiscais (IRPJ/CSLL), interrompendo o diferimento; e
b) Incorporação[130]: O montante do ganho deve ser adicionado às bases fiscais à razão de 1/60 (um sessenta avos), no mínimo, para cada mês do período de apuração.

Note que, na segunda hipótese, deve ser considerado para cada mês que compõe o período de apuração o montante equivalente à parcela mínima de 1/60 avos, o que restringe qualquer procedimento tendente a acumular as parcelas mensais em períodos de apuração diversos. Vale dizer, em um período de apuração anual (lucro real anual) deverá haver o cômputo desta fração de forma cumulativa para todos os meses que componham o intervalo. Por outro lado, na hipótese de apuração com base no regime trimestral, haveria obrigatoriedade de cômputo de 3/60 avos para cada período.

Independente do regime de apuração, anual ou trimestral, e, observada a parcela mínima a ser computada em cada período, a incidência fiscal integral sobre o ganho apurado, decorrente do excesso de valor justo dos ativos líquidos se verificará ao final de 5 (cinco) anos, no máximo.

Em ambos os casos, o reconhecimento do IRPJ diferido e da CSLL diferida (passivo) é mandatório, nos termos do Pronunciamento nº 32 (CPC), de modo que o ganho apurado nas demonstrações seja refletido pelo valor líquido dos seus efeitos fiscais.

---

[130] Igualmente, na hipótese de fusão ou cisão.

No âmbito das contribuições sociais sobre o faturamento, o ganho apurado por excesso de valor justo deve ser afastado da incidência desses tributos em razão da previsão contida no §3º, VIII, art. 1º, da Lei nº 10.833/03[131], abaixo transcrito:

> "Art. 1º
> (...)
> § 3º Não integram a base de cálculo a que se refere este artigo as receitas:
> (...)
> VIII – relativas aos ganhos decorrentes de avaliação do ativo e passivo com base no valor justo;"

Os ganhos por excesso de valor justo, face à sua natureza, são enquadráveis de plano nos termos do referido dispositivo, o qual, no entanto, é taxativo no tocante à permissão para exclusão da base de cálculo da contribuição sobre o faturamento.

No entanto, os ganhos que tenham fundamento diverso daquele apurado com base no valor justo, estariam fora do abrigo da exclusão prevista na regra em questão, o que pode resultar em um impacto fiscal adicional em tais situações, notadamente, para os casos de incidência não cumulativa dessas contribuições.

Isso porque, o ganho por compra vantajosa pode ter razões diversas além do excesso de valor de justo, até aqui discutido e ilustrado no exemplo apresentado, mormente, denominado como *negative goodwill*.

Embora ausente qualquer definição técnica mais assertiva para essa hipótese, podemos considerar as situações em que o ganho apurado derive de transações nas quais a redução de preço esteja associada à expectativa de perdas futuras ou por outras circunstâncias que levem a parte vendedora a aceitar imposições ou condições adversas às de mercado. É possível que tais circunstâncias não estejam associadas ao valor justo dos ativos líquidos,

---

[131] Previsão equivalente foi inserida na Lei nº 10.637/02. Alterações promovidas através da Lei nº 12.973/14. As alterações propostas através do referido texto legal, no entanto, deixaram de contemplar o regime jurídico da Lei nº 9.718/98, o que, no limite, poderia ensejar discussões jurídicas a respeito.

de modo que as reduções obtidas sobre o preço materializem ganhos também diversos do excesso de valor justo.

Eldon S. Hendriksen e Michael F. Van Breda[132], abordam o tema com restrições[133], sugerindo que essa hipótese tende a ser desconsiderada na maioria dos casos, apoiados inclusive em posição assumida à época no APB[134] 16 e no APB 17, segundo a qual, somente se persistir uma diferença não aplicável, após reduzir os ativos não circulantes a zero, é que haveria o *negative goodwill*.

Ainda que se considere a eventual dificuldade prática para se determinar quando o *goodwill* negativo venha a se materializar, a literalidade da regra aplicável aparenta a intenção do legislador em restringir o benefício do diferimento da tributação (compra vantajosa) aos casos em que o ganho tenha origem no excesso de valor justo dos ativos líquidos, a despeito da redação do art. 23, da Lei nº 12.973/14, abaixo reproduzido:

> "Art. 23. A pessoa jurídica que absorver patrimônio de outra (...) na qual detinha participação societária adquirida com ganho proveniente de compra vantajosa, conforme definido no **§ 6º do art. 20 do Decreto-Lei no 1.598, de 26 de dezembro de 1977**, deverá computar o referido ganho na determinação do lucro real dos períodos de apuração subsequentes à data do evento (...)".
>
> – grifos não constantes do texto original –

---

[132] *In* Teoria da Contabilidade, Editora Atlas, Tradução da 5ª edição Americana por Antonio Zoratto Sanvicente, São Paulo, 1999.

[133] "Pode haver *goodwill* negativo? Qualquer que seja a definição de *goodwill*, é difícil imaginar que tenha valor negativo. Pois, se a empresa valesse em conjunto menos do que seus ativos separadamente, os proprietários anteriores certamente os teriam vendido separadamente, e não em conjunto. Esse argumento indica que o valor real dos ativos identificáveis é menor do que se alega. (...) Esse ponto de vista corresponde à posição assumida no APB 16, recomendando que, ao ser caracterizada uma fusão de empresas como compra, os ativos adquiridos fossem contabilizados a seu valor justo, ou ao valor justo do pagamento efetuado. (...) Somente se persistir uma diferença não aplicável (após reduzir os ativos não circulantes a zero) é que será divulgado um *goodwill* negativo. Isto é relativamente incomum. A comissão de Padrões Contábeis da Grã-Bretanha, por outro lado, sugere que *goodwill* negativo resulta de uma compra vantajosa em consequência de "venda forçada", de habilidades de negociação ou imperfeições de mercado, ou desvantagens que fazem parte do negócio, mas não são atribuíveis a qualquer ativo ou classe de ativos particular, (...)". In Teoria da Contabilidade, Editora Atlas, Tradução da 5ª edição Americana por Antonio Zoratto Sanvicente, São Paulo, 1999, p. 393.

[134] **Accounting Principles Board.**

Por sua vez, o art. 20, §6º[135], do Decreto-Lei 1.598/77, se reporta, exclusivamente, aos ganhos que tenham por origem o excesso de valor justo, como assim se verifica:

> Art. 20. (...)
> § 6º **O ganho** proveniente de compra vantajosa de que trata o § 5º, **que corresponde ao excesso do valor justo dos ativos líquidos** da investida, na proporção da participação adquirida, em relação ao custo de aquisição do investimento, será computado na determinação do lucro real no período de apuração da alienação ou baixa do investimento.
> – grifos não constantes do texto original –

O §6º, acima reproduzido, (DL), que é o dispositivo em referência, é expresso ao mencionar a hipótese de excesso de valor justo[136] como sendo aquela submetida ao tratamento fiscal mais benéfico, no caso o diferimento da incidência fiscal. A combinação dos dispositivos legais em referência leva a inevitável conclusão de que o ganho apurado em decorrência de uma aquisição por compra vantajosa, quando derivado de outras razões que não o excesso de valor justo de ativos líquidos, não estaria abrigado no tratamento de diferimento da tributação do IRPJ e da CSLL.

Portanto, a incidência dessas exações, para esses outros casos, seria concomitante ao período de apuração em que ocorresse o reconhecimento inicial da participação ou do negócio adquirido. O efeito financeiro, nessa hipótese, seria imediato.

Embora inexistente qualquer menção expressa na exposição de motivos[137], precedente à referida Lei, é possível inferir que o tratamento fiscal mais favorável ao ganho por excesso de valor justo, tenha razões puramente econômicas sem uma necessária motivação voltada ao interesse da arrecadação. Isso porque, para

---

[135] Dispositivo incluído pela Lei nº 12.973/14.
[136] Embora o tratamento previsto no dispositivo legal seja o de diferimento da tributação (o que é juridicamente, diverso da isenção), entendemos que a sua interpretação tem caráter restritivo, o que não permitiria a sua extensão indiscriminada a outras situações jurídicas, a despeito da regra prevista no artigo 111, do Código Tributário Nacional (CTN).
[137] Nesse caso, tomando por base que a exposição de motivos é um mero indicativo da intenção do legislador, sem constituir, necessariamente, disposição de conteúdo legal.

os casos vinculados ao excesso de valor justo, haveria o indiscutível vínculo entre o ganho apurado e a realização econômica dos mesmos ativos líquidos que deram causa ao valor justo, o que justificaria o diferimento da tributação do ganho no mesmo tempo de realização dos ativos líquidos considerados na transação.

Em que pese o ganho apurado em ambos os casos seja tributável para fins das bases do IRPJ e da CSLL, o efeito financeiro no segundo é imediato, o que, de certo, altera a perspectiva de geração de caixa advinda da participação adquirida.

Adicionalmente, há que se considerar outro efeito fiscal relevante no âmbito das contribuições sociais sobre o faturamento, já que a exclusão nas bases desses tributos, conforme comentado nesse capítulo, se restringe aos ganhos derivados do excesso de valor justo, previsto no art. 3º, §3º, VIII[138], da Lei nº 10.833/03.

Em um comparativo patrimonial e financeiro, das duas hipóteses em questão, teríamos os seguintes desdobramentos, abaixo:

Ref.	Apuração	Ganho por excesso de valor justo	Negative goodwill
1	Ganho reconhecido*	10.000	10.000
2	Impacto PIS/COFINS **	-	925
3	Ganho líquido (antes do IRPJ/CSLL)	10.000	9.075
4	IRPJ/CSLL corrente***	-	3.086
5	IRPJ/CSLL diferido ***	3.400	-
6	Impacto Líquido no Resultado	6.600	5.990
7	Reconciliação Financeira		
8	Carga fiscal total (Ref. 2 + Ref. 4)	-	4.011
9	Tributos diferidos	3.400	-
10	Desembolso final	3.400	4.011

* Ganho apurado por ocasião do reconhecimento inicial
** Considerando as alíquotas aplicáveis ao regime de incidência não cumulativo
*** valor determinado com base nas alíquotas nominais de IRPJ e da CSLL sobre o ganho líquido (regra geral, desconsiderando a parcela isenta do adicional do IRPJ)

[138] Redação conferida pela Lei nº 12.973/14, e, igualmente, contemplada no texto da Lei nº 10.637/02.

O efeito patrimonial apresenta variação na segunda hipótese em razão da despesa das contribuições sociais sobre o faturamento que, no caso, é dedutível. Já o efeito financeiro é bastante relevante no segundo caso, eis que toda a despesa tributária se torna exigível no período em que ocorre o reconhecimento do ganho apurado.

Esse aspecto confere maior relevância à adequada elaboração do *Purchase Price Allocation* (PPA), de modo que a avaliação permita constatar que eventuais diferenças de valores estejam associadas à maior ou menor valorização de ativos, permitindo, assim, a fruição do diferimento da tributação para efeito do IRPJ/CSLL e a não incidência no tocante às contribuições sociais sobre o faturamento. Do contrário, a ausência do PPA em uma hipótese de apuração de ganho no reconhecimento inicial poderia levar à presunção de que tal benefício teria conteúdo diverso do ganho por excesso de valor justo, e, portanto, fora do abrigo do diferimento da tributação.

Ainda, no âmbito dos ganhos apurados por meio de compra vantajosa, há que considerar que esse resultado também pode ser obtido mediante a aquisição de negócios, diversos de uma participação societária propriamente dita.

Essa hipótese (aquisição de negócios), como já comentado em outra oportunidade, também estará sujeita à avaliação com base no valor justo, quando configurada a combinação de negócios, exigindo, para tanto, a obtenção do controle e partes não dependentes.

É bastante razoável admitir que em tais situações, o adquirente, após a mensuração dos ativos líquidos adquiridos, constate a ocorrência de ganho pelo excesso de valor justo (nos casos de compra vantajosa), posto que uma boa parte do benefício econômico esperado possa estar associada ao valor dos correspondentes ativos.

A grande questão de ordem prática no caso está no tratamento fiscal cabível quando da sua apuração por parte do adquirente. Isto se deve ao fato de que o art. 23, (L. 12.973/14), ao tratar da incidência fiscal sobre o ganho, toma como marco a data do "evento", terminologia amplamente empregada pela legislação fiscal (inclusive a Lei nº 12.973/14) para se reportar às operações de incorporação, cisão e fusão, situações que, em teoria, não se aplicam aos ativos já incorporados ao patrimônio do adquirente.

No entanto, a redação do parágrafo único do art. 27, da mesma Lei, confere ao caput uma conotação ampla, ao determinar que o "ganho decorrente do excesso do valor líquido dos ativos (...), mensurados pelos respectivos valores justos, em relação à contraprestação transferida, será computado na determinação do lucro real no período de apuração relativo à **data do evento** (...)".

Logo, a incidência fiscal sobre o ganho estará, inequivocamente, condicionada aos eventos de concentração, a rigor, verificado na hipótese de incorporação. Tal ocorrência, contudo, seria imprópria ao caso de aquisição de negócios, que não uma participação societária, posto que os correspondentes ativos líquidos já estariam incorporados ao patrimônio do adquirente, desde o momento em que tenha sido obtido o controle sobre os mesmos. Esse aspecto, tornaria reduzida ou, até mesmo, nula qualquer expectativa de tributação efetiva do montante envolvido, caso a sua manutenção venha a ser perpetuada.

Restaria, contudo a hipótese de alienação dos ativos líquidos ou, no limite, a sua baixa por outras razões, como condição para exigência tributária em tais casos.

4.5. Aquisição Realizada em Estágios

Como visto até o momento, as transações qualificadas como combinação de negócios estão submetidas a um tratamento de maior complexidade, o que traz a necessidade de manutenção de controles específicos desde o momento do reconhecimento inicial da participação até as subsequentes movimentações de saldos.

Dentre as diversas formas de combinações negócios, temos àquelas em que o controle é obtido por meio de transações com desdobramentos em duas ou mais aquisições realizadas em momentos distintos. Essas operações são denominadas como aquisição de controle em estágios, nas quais podem ocorrer dois ou mais atos (de aquisição) com a finalidade de obtenção do controle de uma sociedade ou de um negócio.

Essa modalidade de combinação encontra previsão no item 41, do Pronunciamento 15 R1 (CPC), segundo o qual "**O adquirente pode obter o controle de uma adquirida na qual ele mantinha uma participação de capital imediatamente antes da data da aquisição.** Por exemplo, em 31 de dezembro de 20X1, a entidade "A" possui 35% de participação no capital (votante e total) da entidade "B", sem controlá-la. Nessa data, a entidade "A" compra mais 40% de participação de capital (votante e total) na entidade "B", obtendo o controle sobre ela. Este Pronunciamento denomina essa operação como combinação de negócios realizada em estágios, algumas vezes refere-se também como sendo uma aquisição passo a passo (*step acquisition*)." Grifos.

O primeiro requisito necessário a qualificar a combinação em estágios, de certo, é a existência de participação anterior à data da aquisição realizada, como exemplificado no próprio item 41, do Pronunciamento (15 R1). Uma interpretação possível para a citada orientação seria a de que esse requisito deva ser considerado para determinar ou caracterizar a ocorrência de uma combinação em estágios, se a participação anteriormente adquirida, assim como as aquisições subsequentes puderem ser compreendidas como estágios (*step*) tendentes a concretizar a obtenção do controle do negócio.

Nessa linha de interpretação mais restrita, a caracterização da combinação em estágios deve estar associada à realização de operações de aquisição que possam ser consideradas vinculadas entre si. A partir dessa inferência, é possível concluir que a mera aquisição de participações em momentos distintos e por razões meramente oportunas e ocasionais (sem guardar uma necessária vinculação) não traria a essência de uma combinação realizada em estágios, pela ausência de intenção manifesta de aquisição de controle da adquirida, sobretudo qual tal condição não se materialize.

Portanto, em um cenário de aquisições ocorridas em momentos distintos, sem qualquer vínculo e em percentuais que não permitam aferir controle, a disciplina da combinação de negócios em estágios não deve ser aplicável, e, tampouco, as repercussões tributárias próprias para este tipo de evento.

Por outro lado, a existência de tratativas que revelem a intenção de aquisição, por meio de eventos distintos, mormente em condições previamente estabelecidas, resultaria no enquadramento desse conceito. Isto é, haveria, desde o início da transação, uma manifesta intenção entre as partes envolvidas, de modo que cada *step* de aquisição teria a finalidade comum de transferência, pelo vendedor, e de obtenção, pelo adquirente, do controle do negócio.

Essa situação não é incomum, posto que nas mais diversas operações conhecidas no mercado, a aquisição em estágios é, via de regra, uma estratégia utilizada para mitigar riscos derivados de uma transação e o comportamento dos resultados verificados durante o intervalo entre cada *step*, sendo o primeiro (*step*), em muitos casos, tomado como parâmetro para confirmar valores inicialmente ajustados, como ocorre no caso de contraprestações contingentes[139], e até, no limite, para a decisão quanto à continuidade da transação.

Para esses casos o desdobramento, mormente cabível no momento do reconhecimento inicial, deve considerar também as aquisições subsequentes, de modo que a cada *step* posterior ao reconhecimento inicial (novo *step*) deverá ser apurado o valor justo dos ativos líquidos identificáveis na data das respectivas aquisições.

O item 42, do Pronunciamento 15 (R1) orienta ainda que a participação anterior a cada nova aquisição deverá ser novamente mensurada pelo correspondente valor justo, conforme se verifica pela transcrição do texto, abaixo:

> "Em combinação de negócios realizada em estágios, o adquirente deve mensurar novamente sua participação anterior na adquirida pelo valor justo na data da aquisição e deve reconhecer no resultado do período o ganho ou a perda resultante, se houver, (...)"
>
> – grifos não constantes do texto original –

De acordo com essa orientação, além da avaliação da nova participação adquirida (nova participação), caberá, por ocasião do mesmo evento, a avaliação da participação existente em momento anterior a esta última aquisição vinculada ao respectivo negócio.

Como uma parte significativa das transações ocorridas no mercado envolve negócios maduros ou em fase de amadurecimento, é de se esperar que ocorram mudanças no comportamento do valor desses ativos (líquidos) durante o intervalo compreendido entre cada aquisição, e quaisquer alterações em sua valoração redundam diferenças entre a avaliação anterior e àquela avaliação mais recente.

A comparação entre o valor justo dos ativos líquidos conhecidos no momento da aquisição mais recente e a aquisição anterior resulta na apuração de ganhos, quando o valor mais recente é superior, ou perdas, se a avaliação se esta apontar um valor inferior para os ativos líquidos. Esses efeitos

---

[139] Conforme será tratado em capítulo específico, adiante.

(ganhos ou perdas) devem ser imediatamente reconhecidos no resultado do período em que apurados, no caso, o momento em ocorre a aquisição mais recente.

Simplificando os comentários iniciais, consideremos uma situação em que determinada empresa ajusta um contrato com outra, ambas, devidamente representadas pelos seus administradores, estabelecendo a aquisição de um negócio, no caso, a participação em outra empresa. Consideremos, ainda, que as partes envolvidas são independentes e a aquisição deva ocorrer em dois momentos distintos.

> 1ª Etapa: A aquisição envolve uma quantidade de ações correspondente a 30% do total das ações com direito a voto. Nesse estágio da aquisição, não houve aquisição de controle. Mas, a avaliação dos ativos líquidos com base no valor justo é aplicável.
>
> 2ª Etapa: São adquiridas novas ações, que representam mais 30% do total das ações com direito a voto. O controle é efetivado nessa oportunidade.

No exemplo acima, o *PPA* deverá ser elaborado na 1ª e na 2ª Etapa, considerando o prazo de que trata o art. 20, §3º, do DL nº 1.598/77. O cenário mais provável em qualquer realidade é que entre a 1ª e a 2ª avaliação sejam apuradas diferenças de valor justo sobre a participação adquirida anteriormente.

Essas diferenças, conforme comentado, são apuradas a partir da comparação do valor justo verificado na aquisição anterior e o valor justo da mesma participação determinado por ocasião da aquisição mais recente. A variação positiva (ganho) ou negativa (perda) deverá ser reconhecida diretamente em resultado no momento da transação mais recente. Por exemplo:

1ª Etapa de Aquisição	1ª Avaliação	2ª Avaliação	Ganho
Valor Justo dos Ativos Líquidos	150	180	30

Na ilustração acima, haveria um ganho pela variação positiva do valor justo dos ativos líquidos, relativamente à parcela adquirida na primeira etapa. Quando a variação entre a avaliação mais recente e a anterior for negativa, haverá apuração de perda. Em ambos os casos, o valor será imediatamente reconhecido no resultado do período.

Eventualmente, a variação apurada poderá indicar a ocorrência de ganho por excesso de valor justo dos ativos líquidos, relativamente à participação anterior. Tal situação seria possível quando o montante apurado na avaliação mais recente superar o valor total da contraprestação transferida na aquisição anterior. O referido ganho, quando apurado, também deverá ser imediatamente reconhecido no resultado do período em que ocorrer a aquisição.

Vejamos como seria no caso:

Participação Societária	1ª Avaliação	2ª Avaliação
Valor de equivalência	120	140
Mais Valia	70	90
Valor Justo Total	190	230
Contraprestação Transferida	220	220
Ágio (goodwill)	30	-
Ganho por excesso de valor justo	-	10

As variações apuradas apresentariam o seguinte comportamento:

Reconciliação	$
Valor justo total (1º avaliação)	190
Valor justo total (2º avaliação)	230
Variação positiva	40
Ganho de equivalência no período	20
Ganho por variação do valor justo	20
Diferença	-
Ganho por excesso de valor justo	10

O ganho por excesso de valor justo, segundo o exemplo acima, toma por base o montante dos ativos líquidos apurado na segunda avaliação que excede a contraprestação transferida na primeira aquisição. A variação apurada será reconhecida no resultado do período.

O tratamento fiscal dessas variações é disciplinado pela Lei nº 12.973/14, e, adicionalmente, pela IN nº 1.700/17, em seus artigos 183[140] e 190[141]. Nos termos

---

[140] IN RFB nº 1.700/17: "Art. 183. No caso de aquisição de controle de outra empresa na qual se detinha participação societária anterior, o contribuinte deve observar as seguintes disposições: I – o ganho decorrente de avaliação da participação societária anterior com base no valor justo, apurado na data da aquisição, poderá ser diferido, sendo reconhecido para fins de apuração do lucro real e do resultado ajustado por ocasião da alienação ou baixa do investimento; II – a perda relacionada à avaliação da participação societária anterior com base no valor justo, apurada na data da aquisição, poderá ser considerada na apuração do lucro real e do resultado ajustado somente por ocasião da alienação ou baixa do investimento; e III – o ganho decorrente do excesso do valor justo dos ativos líquidos da investida, na proporção da participação anterior, em relação ao valor dessa participação avaliada a valor justo, também poderá ser diferido, sendo reconhecido para fins de apuração do lucro real e do resultado ajustado por ocasião da alienação ou baixa do investimento. § 1º Para fins do disposto neste artigo, a pessoa jurídica deverá manter controle dos valores de que tratam o caput na parte B do e-Lalur e do e-Lacs, que serão baixados quando do cômputo do ganho ou da perda na apuração do lucro real e do resultado ajustado. § 2º Os valores apurados em decorrência da operação, relativos à participação societária anterior, que tenham a mesma natureza das parcelas discriminadas nos incisos II e III do caput do art. 178 sujeitam-se ao mesmo disciplinamento tributário dado a essas parcelas. § 3º Deverão ser contabilizados em subcontas distintas: I – a mais-valia ou menos-valia e o ágio por rentabilidade futura (goodwill) relativos à participação societária anterior, existente antes da aquisição do controle; e II – as variações nos valores a que se refere o inciso I, em decorrência da aquisição do controle. § 4º O disposto neste artigo aplica-se aos demais casos em que o contribuinte avalia a valor justo a participação societária anterior no momento da aquisição da nova participação societária.".

[141] IN RFB nº 1.700/17: "Art. 190. Além das disposições contidas no art. 185, a pessoa jurídica que tenha avaliado a valor justo participação societária anterior, em decorrência da aquisição de nova participação societária, conforme tratado no art. 183, e venha a absorver o patrimônio da investida, em virtude de incorporação, fusão ou cisão: I – deve proceder a baixa dos valores controlados no e-Lalur e no e-Lacs, a que se refere o § 1º do art. 183, sem qualquer efeito na apuração do lucro real e do resultado ajustado; II – não deve computar na apuração do lucro real e do resultado ajustado a variação da mais-valia ou menos-valia de que trata o inciso II do § 3º do art. 183, que venha a ser: a) considerada contabilmente no custo do ativo ou no valor do passivo que lhe deu causa; ou b) baixada, na hipótese de o ativo ou o passivo que lhe deu causa não integrar o patrimônio da sucessora; e III – não poderá excluir na apuração do lucro real e do resultado ajustado a variação do ágio por rentabilidade futura (goodwill) de que trata o inciso II do § 3º do art. 183. Parágrafo único. Excetuadas as hipóteses previstas nos incisos II e III do caput, aplica-se ao saldo existente na contabilidade, na data da aquisição da

desses dispositivos, as variações (ganhos ou perdas), assim como o ganho por excesso de valor justo não produzem efeito fiscal imediato, cujos ajustes, em um primeiro momento, devem ser tratados como diferenças temporárias. Então, o ganho apurado na ilustração anterior estará sujeito à exclusão nas bases do IRPJ/CSLL e devidamente controlado.

Situação inversa será verificada quando da apuração de variações negativas, entre a aquisição mais recente e a anterior. Nesse caso, as perdas reconhecidas serão objeto de adição nas bases do IRPJ/CSLL.

Por se tratar de diferenças temporais, cujos valores poderão produzir efeitos futuros (diferidos), deverão ser observadas as disposições do Pronunciamento nº 32 ("Tributos sobre o Lucro"), de modo que as correspondentes variações sejam reconhecidas pelos seus montantes líquidos dos efeitos fiscais.

Os saldos das referidas diferenças, controlados através da escrituração fiscal digital, serão computados nas bases fiscais (IRPJ/CSL) por ocasião da alienação ou baixa da respectiva participação societária.

Para os ganhos derivados das diferenças de valor justo, excluídos por ocasião da sua apuração, caberá igual adição no momento da alienação ou baixa da participação societária.

Em relação às perdas apuradas (variações negativas do valor justo), inclusive as diferenças sobre o valor do *goodwill*, será dispensado tratamento inverso, de modo que os valores inicialmente adicionados, quando da sua apuração, poderão ser excluídos das bases fiscais para fins de apuração do ganho ou perda de capital nas hipóteses de alienação ou baixa da participação.

O tratamento dessas variações, no entanto, será neutro nas hipóteses de incorporação, fusão ou cisão, sendo certo que os saldos referentes aos ganhos e as perdas, apuradas em função da variação do valor justo e controlados via EFD (inclusive em relação ao ágio por rentabilidade), deverão ser baixados sem qualquer efeito fiscal.

No âmbito das contribuições sociais sobre o faturamento, as contrapartidas derivadas do reconhecimento do valor justo de ativos e de passivos também são tratadas com neutralidade, de modo a não repercutir quaisquer efeitos.

---

participação societária, referente à mais-valia ou menos-valia e ao ágio por rentabilidade futura (goodwill) de que tratam os incisos II e III do caput do art. 178, o disposto nos arts. 185 a 189.".

Face a essa neutralidade, as contrapartidas dessas variações que tenham sido integradas ao valor contábil dos ativos ou passivos e controladas por meio de subcontas na pessoa jurídica sucessora (na hipótese de incorporação), devem ser desconsideradas para fins de cálculo de créditos na determinação das contribuições sobre o faturamento devidas em cada período de apuração, relativamente ao regime de incidência não cumulativa.

No mesmo sentido, quando o reconhecimento do valor justo redundar ganhos a incidência fiscal (PIS/COFINS) é afastada, por força do artigo 3º, inciso VIII, da Lei nº 10.833/03, e, igualmente, no artigo 3º, inciso IX, da Lei 10.637/02[142].

Feitas tais considerações, passamos a estudar o tratamento fiscal de algumas das variações possíveis em uma combinação em estágios, assumindo como inexistente a dependência entre as partes em momento pretérito e considerando três etapas de aquisição, como apresentado a seguir:

Informações	1ª Aquisição	2ª Aquisição	3ª Aquisição
Valor do PL da Adquirida	120	130	115
Mais Valia	75	80	85
Valor da contraprestação transferida	70	62	30
% Adquirido	30%	25%	10%

Com base nessas informações, vejamos como se comportaria o desdobramento da participação adquirida e os correspondentes efeitos fiscais na primeira tranche de pagamento.

---

[142] Dispositivos inseridos pela Lei nº 12.973/14.

Nessa etapa da operação, ainda não haveria configuração do controle[143], de acordo com as definições legais aplicáveis. Contudo, assumindo se tratar de uma operação qualificada como combinação em estágios, na medida em que vinculada a etapas futuras tendentes a adquirir outras parcelas do negócio e com o objetivo precípuo de obtenção de controle em decorrência dos estágios seguintes da mesma transação, os desdobramentos subsequentes deverão considerar o controle das variações dos saldos dos ativos e passivos que deram causa ao valor justo[144].

A mais valia apurada ($23) assim como o *goodwill* ($12) são desdobrados no reconhecimento inicial, cabendo eventuais ajustes sobre a mais valia em função de eventuais realizações verificadas sobre os respectivos bens[145].

Ambos os valores serão reputados como dedutíveis para efeito das bases de cálculo do IRPJ/CSLL, em eventual hipótese de alienação da participação ou mesmo no caso de sucessão por incorporação, com a observância dos procedimentos e condições aplicáveis em cada hipótese[146].

Passemos agora, para o segundo estágio da combinação, como segue:

Participação Societária	2ª Avaliação	30%	25%	Total
Valor de equivalência	108	32	27	59
Mais Valia	80	24	20	44
Valor Justo Total	188	56	47	103
Contraprestação Transferida		70	62	132
Ágio (goodwill)		14	15	29
Ganho por excesso de valor justo		-	-	-

---

[143] Segundo os devidos termos do art. 243.
[144] Embora o desdobramento da participação e a sua mensuração com base no valor justo já fossem cabíveis, eis que o respectivo investimento já seria qualificado como "coligada", este último procedimento (controle das variações dos ativos líquidos) somente é cabível no exemplo estudado por se tratar de uma combinação em estágios, da qual decorrerá o controle em ocasião futura.
[145] Conforme abordado nos Capítulos 2 e 3.
[146] Vide 3.1.

As parcelas adquiridas no primeiro estágio (30%) e no segundo estágio (25%) são desdobradas com base em uma nova avaliação da adquirida, eis que o segundo estágio de aquisição exige uma nova avaliação. Consequentemente a parcela adquirida na etapa anterior recebe nova valoração, cujas diferenças entre a primeira e a segunda avaliação são apuradas abaixo.

Participação Societária	1ª Avaliação	2ª Avaliação
Valor de equivalência	36	32
Mais Valia	22	24
Valor Justo Total	58	56
Contraprestação Transferida	70	70
Ágio (goodwill)	12	14
Ganho por excesso de valor justo	-	-

Reconciliação	$
Valor justo total (1º avaliação)	58
Valor justo total (2º avaliação)	56
Variação positiva	-
Variação negativa	2
Ganho de equivalência no período	(4)
Ganho por variação do valor justo	2
Ganho por excesso de valor justo	-
Diferença	-
Variação do ágio	2

A contrapartida das diferenças apuradas entre a 1ª e a 2ª avaliação, relativamente ao ganho por variação do valor justo e a variação do *goodwill* devem ser imediatamente reconhecidas no resultado do período em que ocorreu a nova mensuração da participação anteriormente adquirida.

As variações ocorridas, inclusive os ganhos por excesso de valor justo que tenham sido apurados em decorrência da avaliação mais recente, têm os seus efeitos fiscais diferidos para o momento de uma eventual alienação ou liquidação da participação. Logo, as variações positivas e os ganhos por excesso serão excluídos das bases do IRPJ/CSLL, e, adicionados na ocorrência de um dos citados eventos.

Para o exemplo estudado, a variação positiva do valor justo ($1) será excluída e controlada como diferença temporária.

Essas diferenças devem, necessariamente, ser controladas por meio de subcontas específicas, como condição para o diferimento da tributação, no caso das variações positivas e ganhos por excesso de valor justo, e para fins de dedução das variações negativas.

As perdas registradas como contrapartidas das variações (acréscimos) do valor do *goodwill*, devem, igualmente, ser tratadas como ajustes temporários, de modo que os valores computados no resultado de cada período em que ocorrer uma nova avaliação da participação anterior serão adicionados e deduzidos, via exclusão nas bases fiscais, nas hipóteses de alienação ou liquidação da participação[147]. No exemplo sob análise, o valor de $2, correspondente à perda pelo aumento do valor *goodwill* seria adicionada às bases fiscais.

A depender do comportamento dos saldos patrimoniais em cada período e do resultado de cada avaliação podem haver reduções do valor *goodwill*, o que redundaria no reconhecimento de ganhos, cujo tratamento é inversamente proporcional.

Já as parcelas desdobradas sobre a segunda aquisição, quais sejam; mais valia de $20 e *goodwill* de $15, manteriam o mesmo tratamento cabível aos valores desdobrados na primeira aquisição (apurados também, na primeira avaliação), eis que a participação anterior ao segundo estágio ainda não teria configurado aquisição de controle. Portanto, dedutíveis sob a condição de ocorrência de um dos eventos que resultam em realização fiscal[148].

---

[147] Lei nº 12.973/14: "Art. 28. A contrapartida da redução do ágio por rentabilidade futura (goodwill), inclusive mediante redução ao valor recuperável, não será computada na determinação do lucro real. Parágrafo único. Quando a redução se referir ao valor de que trata o **inciso III do art. 20 do Decreto-Lei nº 1.598, de 26 de dezembro de 1977**, deve ser observado o disposto no **art. 25 do mesmo Decreto-Lei**.".

[148] Alienação ou liquidação da participação e a incorporação. Este último com efeitos diferidos, tal como comentado em outros capítulos.

No entanto, o somatório das duas aquisições, no total de 55% do capital com direito a voto, confere ao adquirente à qualidade de controlador, trazendo novas consequências a partir de operações subsequentes.

Seguindo os dados do mesmo caso, veremos como ficaria o desdobramento dos saldos no terceiro e último estágio da aquisição.

Participação Societária	3ª Avaliação	55%	10%
Valor de equivalência	115	63	12
Mais Valia	85	47	9
Valor Justo Total	200	110	20
Contraprestação Transferida		132	30
Ágio (goodwill)		22	10
Ganho por excesso de valor justo		-	-

Note que em razão da prévia existência de controle, obtido no segundo estágio da combinação, os valores apurados como mais valia e *goodwill* no terceiro estágio estão sujeitos à restrição prevista no caput, do art. 20[149] e no caput, do art. 22[150], ambos, da Lei nº 12.973/14, de modo que para essas parcelas não é permitida mais a dedutibilidade na hipótese de incorporação da participação adquirida.

---

[149] Lei nº 12.973/14: "Art. 20. Nos casos de incorporação, fusão ou cisão, o saldo existente na contabilidade, na data da aquisição da participação societária, referente à mais-valia de que trata o **inciso II do caput do art. 20 do Decreto-Lei nº 1.598, de 26 de dezembro de 1977, decorrente da aquisição de participação societária entre partes não dependentes**, poderá ser considerado como integrante do custo do bem ou direito que lhe deu causa, para efeito de determinação de ganho ou perda de capital e do cômputo da depreciação, amortização ou exaustão. (...)". Grifos.

[150] Lei nº 12.973/14: "Art. 22. A pessoa jurídica que absorver patrimônio de outra, em virtude de incorporação, fusão ou cisão, na qual detinha participação societária adquirida com ágio por rentabilidade futura (goodwill) **decorrente da aquisição de participação societária entre partes não dependentes**, apurado segundo o disposto no **inciso III do caput do art. 20 do Decreto-Lei n**º1.598, de 26 de dezembro de 1977, poderá excluir para fins de apuração do lucro real dos períodos de apuração subsequentes o saldo do referido ágio existente na contabilidade na data da aquisição da participação societária, à razão de 1/60 (um sessenta avos), no máximo, para cada mês do período de apuração. (...)". Grifos.

A limitação quanto à dedutibilidade, no entanto, se reporta às hipóteses de incorporação, fusão e cisão. Logo, na ocorrência de alienação da participação adquirida, os valores relativos à mais valia e ao *goodwill*, apurados no desdobramento do 3º *step* de aquisição se tornam dedutíveis para efeito de determinação do ganho de capital, cabendo, portanto, o controle desses valores.

As variações verificadas entre a 2ª avaliação e a 3ª avaliação, calculadas sobre a participação anterior ao terceiro estágio (55%), estão sujeitas ao mesmo tratamento já comentado sobre as variações da 1ª aquisição, e são demonstradas abaixo:

Participação Societária	2ª Avaliação	3ª Avaliação
Valor de equivalência	59	63
Mais Valia	44	47
Valor Justo Total	103	110
Contraprestação Transferida	132	132
Ágio (goodwill)	29	22
Ganho por excesso de valor justo	-	-

Reconciliação	$
Valor justo total (2º avaliação)	103
Valor justo total (3º avaliação)	110
Variação positiva	7
Variação negativa	-
Perda de equivalência no período	4
Ganho por variação do valor justo	3
Ganho por excesso de valor justo	-
Diferença	14
Variação do ágio	(7)

O resultado de toda a combinação (estágios) no exemplo tratado pode ser resumido da seguinte forma:

Estágio de Aquisição	Mais Valia	Ágio (goodwill)
1º Estágio	22	12
2º Estágio	20	15
3º Estágio	9	10
Totais	51	37
Parcela Indedutível	9	10
Parcela Dedutível*	42	27

As parcelas relativas à mais valia e ao *goodwill*, desdobradas no 3º Estágio da aquisição, enfrentariam restrição quanto à dedutibilidade em uma hipótese de incorporação da sociedade adquirida, conforme comentado anteriormente, exceto na hipótese de alienação.

Quanto às variações apuradas a partir da segunda avaliação, teríamos o seguinte resumo, abaixo:

Diferença Apurada	Ganho	Variação (ágio)
Entre a 1ª e a 2ª avaliação	2	2
Entre a 2ª e a 3ª avaliação	3	(7)
Totais	5	(5)
Hipótese de alienação	Integra o custo	Integra o custo
Hipótese de incorporação	Sem efeito fiscal	Sem efeito fiscal

Portanto, os efeitos fiscais inerentes a essas parcelas seriam neutralizados na hipótese de incorporação, fusão ou cisão (total).

4.6. Contraprestações Contingentes

Em transações que envolvem a aquisição de participações, em especial nos casos de combinação de negócios, é bastante usual que as partes ajustem o pagamento de parcelas adicionais ao preço para ocasiões futuras, vinculando a sua liquidação financeira a determinadas condições.

A depender das condições estabelecidas entre as partes, esses ajustes contratuais assumem as mais diversas formas. Abaixo, são destacados alguns exemplos que caracterizam a existência de contraprestações assumidas, tanto pelo adquirente como pelo próprio vendedor:

- Acordos para pagamentos a empregados e sócios: A depender das condições da negociação, as partes podem convencionar que parcelas da contraprestação sejam transferidas ao vendedor em função da permanência de pessoas ligadas aos quadros da entidade adquirida. Ou, inversamente, obrigando o vendedor a reembolsar o adquirente de parcelas já recebidas, caso tal condição não seja concretizada.
- Contraprestações vinculadas ao desempenho: Em outro cenário, temos os casos em que o efetivo pagamento de parcelas do preço esteja condicionado à performance do negócio, muitas vezes, medida a partir dos indicadores financeiros usuais (a exemplo do uso de margem EBITDA) ou outras metas previamente estabelecidas. Nesses casos, a mensuração da contraprestação estaria condicionada à confirmação das metas previstas na estrutura contratual.
- Pagamentos baseados em instrumentos patrimoniais: Quando houver a obrigação por parte do adquirente em transferir uma quantidade adicional de ações de sua emissão como parte da contraprestação.

De certo, que os exemplos acima não exaurem as muitas hipóteses possíveis, que dependerão não somente da vontade das partes envolvidas, mas, principalmente das características do negócio transacionado e as próprias condições pelas quais se desenvolvem a negociação.

Independente da hipótese que se analise, e, restritamente às transações que reúnam os elementos intrínsecos de uma combinação de negócios, esses eventos são, basicamente, condicionantes da liquidação financeira da transação, ajustando, ao fim, o valor justo da contraprestação a ser transferida pelo adquirente, ou, mesmo, determinando a parcela a ser eventualmente restituída.

Sob essa ótica, as variações verificadas a partir do momento da transação podem redundar no reconhecimento de perdas ou ganhos a depender do resultado final que será conhecido de forma definitiva na data do *closing* da operação. Nessa ocasião, o resultado definitivo, em favor do adquirente ou do vendedor, conforme o caso, poderá ser ajustado em contrapartida do valor da contraprestação.

Nesses casos, estamos diante do que se qualifica como "contraprestação contingente". O Pronunciamento nº 15 (R1) disciplina o tema de forma bastante genérica[151], sem trazer conceitos exatos quanto às características da contraprestação contingente, mas o seu Apêndice A ("Glossário de termos utilizados no Pronunciamento") contém a seguinte definição:

> "Contraprestação contingente são obrigações contratuais, assumidas pelo adquirente na operação de combinação de negócios, de transferir ativos adicionais ou participações societárias adicionais aos ex-proprietários da adquirida, caso certos eventos futuros ocorram ou determinadas condições sejam satisfeitas. Contudo, uma contraprestação contingente também pode dar ao adquirente o direito de reaver parte da contraprestação previamente transferida ou paga, caso determinadas condições sejam satisfeitas."

De acordo com o item 58[152], do Pronunciamento 15 (R1), as contrapartidas das variações do valor justo da contraprestação serão refletidas no reconhecimento

---

[151] Pronunciamento nº 15 (R1), item 39: "A contraprestação que o adquirente transfere em troca do controle sobre a adquirida deve incluir qualquer ativo ou passivo resultante de acordo com uma contraprestação contingente (ver item 37). O adquirente deve reconhecer a contraprestação contingente pelo seu valor justo na data da aquisição como parte da contraprestação transferida em troca do controle da adquirida.". No caso, os direitos e obrigações contratuais assumidas no processo de combinação de negócios que possam alterar, para mais ou para menos, o valor da contraprestação a ser transferida.

[152] Pronunciamento nº 15 (R1), do CPC, Item 58: "58. Algumas alterações no valor justo da contraprestação contingente que o adquirente venha a reconhecer após a data da aquisição podem ser resultantes de informações adicionais que o adquirente obtém após a data da

inicial quando se reportarem a ajustes do período de mensuração[153]. Para as demais hipóteses, as contrapartidas serão registradas diretamente no resultado do período, com exceção dos casos que envolvam contraprestação contingente por meio de instrumentos patrimoniais[154].

Essas disposições nos permitem fazer a seguinte diferenciação:

- Ajustes compreendidos no período de mensuração: Refletidos diretamente no desdobramento do reconhecimento inicial, afetando, conforme cada caso, o valor do *goodwill* ou do ganho por compra vantajosa, inicialmente apurados.
- Ajustes não compreendidos no período de mensuração: Refletidos diretamente no resultado do período, ou, quando se tratar de instrumentos patrimoniais, diretamente no patrimônio líquido da sociedade emissora do instrumento.

---

aquisição sobre fatos e circunstâncias já existentes nessa data. Essas alterações são ajustes do período de mensuração conforme disposto nos itens 45 a 49. Todavia, alterações decorrentes de eventos ocorridos após a data de aquisição, tais como o cumprimento de meta de lucros; o alcance de um preço por ação especificado; ou ainda o alcance de determinado estágio de projeto de pesquisa e desenvolvimento não são ajustes do período de mensuração. O adquirente deve contabilizar as alterações no valor justo da contraprestação contingente que não constituam ajustes do período de mensuração da seguinte forma: CPC15_R1 (a) a contraprestação contingente classificada como componente do patrimônio líquido não está sujeita a nova mensuração e sua liquidação subsequente deve ser contabilizada dentro do patrimônio líquido; (b) outra contraprestação contingente, que: (i) estiver dentro do alcance do Pronunciamento Técnico CPC 38 – Instrumentos Financeiros: Reconhecimento e Mensuração, deve ser mensurada ao valor justo em cada data de balanço e mudanças no valor justo devem ser reconhecidas no resultado do período de acordo com o citado Pronunciamento; (ii) não estiver dentro do alcance do Pronunciamento Técnico CPC 38, deve ser mensurada pelo valor justo em cada data de balanço e mudanças no valor justo devem ser reconhecidas no resultado do período.".

[153] De acordo com a mesma orientação, devem ser excetuados desse tratamento os eventos vinculados a condições estabelecidas com base em parâmetros, a exemplo metas de resultado previamente ajustadas; cotação de ativos; e cumprimento de cronogramas, dentre outras hipóteses, para os quais as contrapartidas dos ajustes serão refletidas no resultado do período. Igual tratamento também deve ser dispensado para as contraprestações contingentes em instrumentos financeiros.

[154] Contraprestações que, de acordo com as condições contratualmente ajustadas, sejam liquidadas mediante a entrega de instrumentos patrimoniais.

No primeiro caso, os efeitos fiscais derivados das contrapartidas da alteração do valor justo da contraprestação estariam vinculados à própria mensuração da participação adquirida, forçando a sua revisão.

Façamos, o seguinte ensaio, utilizando três cenários distintos, com ajustes compreendidos no período de mensuração:

Ref.	Descrição	$	$	$
1	Vlr. Justo dos ativos líquidos	1.600	1.600	1.600
2	Contraprestação Total *	1.800	1.800	1.800
3	Goodwill - reconhecimento inicial (Ref. 2 - Ref. 1)	200	200	200
4	Ajustes - aumento ou redução da Contraprestação **	200	(300)	(400)
5	Alteração do Vlr. Justo dos ativos líquidos (+/-)	100	(200)	(100)
6	Goodwill - após a revisão (Ref. 3 + Ref. 4 - Ref. 5)	300	100	-
7	Ganho por excesso de valor justo	-	-	(100)

* Incluindo a parcela transferida e a parcela contingente
** Ajustes do valor justo da contraprestação a ser transferida.

Nas duas primeiras hipóteses, o ajuste do valor da contraprestação resultou em variações do saldo do *goodwill* e da mais valia. As parcelas acrescidas, tanto ao *goodwill* quanto à mais valia, têm a dedutibilidade assegurada segundo os mesmos critérios aplicáveis ao saldo inicial. Enquanto que um eventual decréscimo (segunda hipótese) reduziria o saldo a ser amortizado fiscalmente ou baixado, no caso de uma alienação/liquidação futura ou realização dos ativos vinculados, no caso da mais valia.

Para o terceiro cenário, a modificação dos saldos resulta na apuração do ganho por excesso de valor justo e impõe o seu imediato reconhecimento, também sujeito ao diferimento para fins de determinação das bases do IRPJ e da CSLL.

Portanto, para os acréscimos e decréscimos dos saldos do *goodwill* e do ganho (excesso de valor justo) são aplicáveis as disciplinas fiscais já comentadas em tópicos anteriores, eis que compreendidos no período de mensuração.

Para os demais ajustes não enquadrados no período de mensuração, inclusive quando se reportar a eventos pretéritos à data de aquisição, a contrapartida deve observar:

- Ajustes pretéritos ou posteriores ao período de mensuração: A contrapartida deve ser reconhecida no resultado do período em que a variação tenha sido apurada.
- Ajustes derivados de indicadores de desempenho: Idem, ao item acima.
- Ajustes originados de eventos anteriores à data de aquisição: Idem, ao item acima.
- Ajustes de contraprestações por meio de instrumentos patrimoniais: A contrapartida é refletida diretamente no patrimônio líquido.

Para esses ganhos ou perdas, não enquadrados no período de apuração, mais uma vez, temos uma lacuna na Lei nº 12.973/14, que deixou de disciplinar tais casos, tendo sido parcialmente suprida pela Instrução Normativa RFB nº 1.700/17, a qual por meio do seu artigo 110, tentou estabelecer um regime de neutralidade para os impactos derivados das contrapartidas da variação do valor justo das contraprestações contingentes. O referido dispositivo, de modo totalmente genérico, posterga os seus efeitos fiscais para o momento em que satisfeitas as condições suspensivas. Vejamos, abaixo:

> "Art. 110. Os reflexos tributários decorrentes de obrigações contratuais em operação de combinação de negócios, subordinadas a evento futuro e incerto, **inclusive nas operações que envolvam contraprestações contingentes, devem ser reconhecidos na apuração do lucro real nos termos dos incisos I e II do art. 117**[155] **da Lei nº 5.172, de 25 de outubro de 1966**:
> I – sendo suspensiva a condição, a partir do seu implemento;
> II – sendo resolutória a condição, desde o momento da prática do ato ou da celebração do negócio.
> § 1º O disposto neste artigo independe da denominação dada à operação ou da forma contábil adotada pelas partes envolvidas.

---

[155] Código Tributário Nacional: "Art. 117. Para os efeitos do inciso II do artigo anterior e salvo disposição de lei em contrário, os atos ou negócios jurídicos condicionais reputam-se perfeitos e acabados: I – sendo suspensiva a condição, desde o momento de seu implemento; II – sendo resolutória a condição, desde o momento da prática do ato ou da celebração do negócio.".

§ 2º Para efeitos do disposto neste artigo, a pessoa jurídica deverá proceder aos ajustes ao lucro líquido para fins de apuração do lucro real, no Lalur."

– Grifos não constantes do texto original –

O artigo 117, do Código Tributário Nacional (CTN) encerra norma de interpretação da legislação tributária, condicionando os efeitos tributários, derivados de atos e negócios em geral, para o momento em que todas as condições suspensivas estejam devidamente satisfeitas.

Nesses termos, a orientação do artigo 110, da referida Instrução Normativa, tem o condão de afastar temporariamente os impactos tributários sobre os ganhos e as perdas originados a partir da variação dos valores reconhecidos como contraprestação contingente.

Importa dizer que os ganhos serão objeto de exclusão na apuração das bases imponíveis do IRPJ e da CSLL, assim como as perdas serão ajustadas por meio de adição, nos dois casos, em caráter temporário, de modo que no momento em que a contraprestação se torna definitiva, esses ajustes devem ser revertidos, conforme o caso.

Portanto, nas contrapartidas das variações do valor justo em contraprestações contingentes, os efeitos fiscais seriam, então, percebidos, no momento em que a liquidação da contraprestação correspondente fosse verificada.

Como se verifica, tais impactos fiscais são efetivados sem qualquer vínculo quanto à realização da participação adquirida, sendo que o seu intervalo tende a ser inferior, já que se concretiza no momento em que a contraprestação é liquidada.

O dispositivo normativo, contudo, não faz menção ao tratamento aplicável às contribuições sociais sobre o faturamento. Aparentemente, essa omissão teria sido mero descuido na redação daquela Instrução, o que não deve prejudicar a aplicação do mesmo raciocínio para efeito de determinação das bases do PIS e da COFINS (faturamento), até porque os atos normativos expedidos pela Administração Fazendária têm caráter interpretativo, permitindo a extensão dos fundamentos apontados pelo artigo 110, daquela IN.

No entanto, temos que a exigência fiscal sobre ganhos decorrentes de contraprestações contingentes, liquidadas por meio de instrumentos patrimoniais[156], é bastante discutível, seja pelo caráter genérico da Instrução Normativa, em sua breve tentativa de disciplinar o tema, ou mesmo pela ausência de previsão legal.

De qualquer forma, os custos envolvendo a liquidação de obrigações através de instrumentos patrimoniais, encontra disciplina em outro dispositivo da Lei nº 12.973/14[157], que regula a dedutibilidade de aquisição de serviços por meio desses instrumentos e para qual a dedução é admitida, via exclusão, no momento do efetivo pagamento. Essa hipótese é juridicamente equiparável à situação das contrapartidas da variação do valor justo de contraprestação contingente em instrumentos patrimoniais, o que, por analogia, permitiria a aplicação da correspondente disposição legal.

4.7. Aquisição do Controle de Negócios

O conceito de combinação de negócios tem amplitude capaz de alcançar as transações que envolvam a transferência do controle de participações societárias entre partes independentes, mas, também, as transações que, igualmente, resultem na transferência de controle de outros ativos que permitam ao adquirente obter benefícios, mensuráveis de forma isolada.

O Apêndice A, ao Pronunciamento nº 15 (R1), que inclui o Glossário da referida norma, traz a seguinte definição para o termo "negócio":

> "Negócio é um **conjunto integrado de atividades e ativos capaz de ser conduzido e gerenciado para gerar retorno**, na forma de dividendos, redução de custos ou outros benefícios econômicos, diretamente a seus investidores ou outros proprietários, membros ou participantes"
>
> – Grifos não constantes do texto original –

O conceito extraído a partir do Glossário da referida Norma nos dá a extensão dos tipos de ativos que podem ser gerenciados de modo que os seus

---

[156] Hipótese em que o adquirente, em razão de condições contratualmente estabelecidas, deixa de liquidar parte da contraprestação contingente, fixada em participações a serem entregues ao vendedor.

[157] Vide o art. 33, da Lei nº 12.973/14.

resultados, diretos ou indiretos, sejam avaliados de forma independente. A aquisição de uma embarcação, destinada a operar com o transporte de cargas, juntamente com a transferência de contratos em operação, é uma hipótese que pode razoavelmente ser enquadrada no conceito de "negócio". Igualmente, se diga, no caso de uma planta industrial com produção previamente contratada, dentre outras situações.

Para esses casos, os procedimentos de avaliação no momento do reconhecimento inicial e durante todo o período de mensuração seguem, portanto, o critério da prevalência do valor justo, do qual pode haver desdobramento da mais valia ou menos valia, conforme o caso, cujas contrapartidas podem inclusive ocasionar o reconhecimento de ganhos quando houver excesso de valor justo comparado ao valor da contraprestação transferida pelo adquirente.

As repercussões jurídicas no campo tributário, quando a aquisição de tais ativos venha a se qualificar como "combinação de negócios", devem ser submetidas ao tratamento tributário disciplinado pela Lei nº 12.973/14.

Para ilustrar a aplicação prática da referida regra, consideremos as transações comumente verificadas no segmento de *Oil & Gas*, onde os *players* desse segmento econômico ora assumem posições de compras em novos blocos de exploração (comumente, denominadas *farm in*[158]), ora realizam as suas participações em outros blocos (*farm out*[159]). A transferência do controle da operação de um bloco de exploração, por razões peculiares desse segmento, não é imediata e depende da anuência dos órgãos reguladores (ANP[160], por exemplo).

Durante o período verificado entre a ocorrência da transação e a confirmação da transferência do controle do bloco de exploração, a operação

---

[158] "Processo de aquisição parcial ou total dos direitos de concessão detidos por outra empresa. A empresa que adquire os direitos de concessão está em processo de *farm-in*, e a empresa que vende está em processo de *farm-out*." In Dicionário do Petróleo em língua portuguesa. Eloi Fernández Y Fernández; Oswaldo A. Pedrosa Junior António Correia de Pinho, Lexikon, PUC-Rio 2009, p. 205.

[159] "Processo de venda parcial ou total dos direitos de concessão. A empresa que vende os direitos de concessão está em processo de *farm-out*, e a empresa que os adquire está em processo de *farm-in*." In Dicionário do Petróleo em língua portuguesa. Eloi Fernández Y Fernández; Oswaldo A. Pedrosa Junior e António Correia de Pinho, Lexikon, PUC-Rio 2009, p. 205.

[160] Agência Nacional do Petróleo.

é mantida sob a responsabilidade do vendedor, e, nesse caso, pode haver retenção de parcelas da contraprestação, de modo a compensar as partes (adquirente e vendedor) por eventuais riscos da operação.

Feitas essas considerações específicas para esse tipo de transação, teríamos as seguintes premissas para análise:

Aquisição de bloco de exploração. O&G
- A transferência dos ativos decorre de um contrato de cessão onerosa de um bloco de exploração, envolvendo duas *Oil Companies* não relacionadas, a Empresa Operadora "A" (atual controladora do bloco) e outra Operadora "B" (adquirente);
- A transação inclui: *i*) os direitos de exploração do bloco, inclusive o resultado da venda do óleo cru e do gás natural; *ii*) os seus estoques verificados na data do *closing*; *iii*) uma sonda (FPSO[161]); e *iv*) outros ativos e obrigações vinculados ao bloco de exploração, incluindo todos os contratos relacionados com clientes e fornecedores;
- O Preço da transação (integrante do valor da contraprestação) foi pago parcialmente, ficando a parcela restante pendente de liquidação na data da transferência definitiva do controle (*closing*), podendo ser ajustado para mais ou para menos em função dos resultados verificados no período compreendido entre a data da transação e a transferência do controle (data de aquisição);
- A transferência da operação (dos poços) somente ocorrerá de forma definitiva com a anuência por parte da ANP;
- A transferência do controle é uma condição para o reconhecimento inicial dos ativos líquidos por parte do adquirente, contudo, os resultados apurados a partir desses ativos, positivos ou negativos, serão integralmente transferidos para este;
- Durante esse período os ativos continuarão a ser operados pelo vendedor (Operadora "A"), com repasse do resultado líquido da operação;

---

[161] *Floating production storage and offloading* (FPSO).

- A Contraprestação final, devida pela Operadora "B", será definida em virtude do resultado total apurado durante o período sob análise da ANP.

Para análise desse caso, é mister avaliar e responder algumas questões precedentes, para se concluir pelo enquadramento dessa operação dentro das regras de combinação de negócios, conforme segue abaixo:

1. O Bloco de Exploração (O&G) pode ser entendido como um negócio? "(...) conjunto integrado de atividades e ativos capaz de ser conduzido e gerenciado para gerar retorno, na forma de dividendos, redução de custos ou outros benefícios econômicos, diretamente a seus investidores ou outros proprietários, membros ou participantes.[162]"

Para responder a esse questionamento é importante entender se a atividade desenvolvida a partir do bloco de exploração pode ser avaliada de modo isolado. A resposta mais provável para o caso é positiva, na medida em que envolve um conjunto de ativos, incluindo, desde o pagamento pelos custos exploratórios e de desenvolvimento do campo de produção, até a aquisição de ativos como equipamentos e a própria concessão. Adicionalmente, também envolve a continuidade de uma série de contratos com diversos fornecedores e prestadores para a consecução daquela atividade. Logo, a aquisição estudada no caso apresentado resultaria na transferência de todos esses itens, o que permite o seu enquadramento no conceito de uma combinação de negócios.

2. A condição suspensiva descaracteriza a combinação?

A característica da combinação persiste desde que os elementos que constituem o "negócio" sejam identificados e as partes envolvidas possam ser consideradas independentes, características contidas nas premissas consideradas.

Havendo condição suspensiva, como no exemplo apresentado, o controle somente seria admitido após o implemento dessa condição.

---

[162] Pronunciamento 15, do CPC, Apêndice A.

Por outro lado, os riscos do negócio poderiam ser atribuídos ao adquirente durante o período em que vigorar a condição suspensiva, desde que a relação contratual estabelecida, assim disponha.

Assumindo essa premissa como válida, alguns efeitos econômicos podem ser verificados anteriormente ao reconhecimento dos ativos, cabendo avaliar as suas consequências de ordem tributária.

3. Qual o momento do reconhecimento?

De acordo com o item 8, do Pronunciamento nº 15 R1, "*O adquirente deve identificar a data de aquisição, que é a data em que o controle da adquirida é obtido*". Logo, o reconhecimento imediato dos ativos não seria possível, enquanto não obtido o controle do negócio, isto é, durante a manutenção da condição suspensiva.

Por outro lado, efeitos econômicos derivados da contraprestação contingente seriam refletidos, impactando o desdobramento no reconhecimento inicial.

Após a resposta a tais questionamentos e diante das premissas anteriormente dispostas, vejamos como ficariam os fluxos financeiros possíveis da transação, considerando uma estimativa de dias transcorridos a partir da transação inicial:

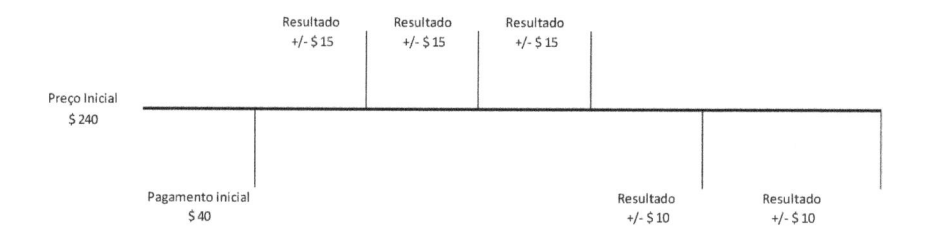

```
Preço Inicial          Resultado    Resultado    Resultado
$ 240                  +/- $ 15     +/- $ 15     +/- $ 15
        |──────────────┼────────────┼────────────┼──────────────────┼────────────┼───
        Pagamento inicial                                  Resultado    Resultado
        $ 40                                               +/- $ 10     +/- $ 10
```

Os valores hipotéticos, demonstrados no fluxo financeiro acima, seriam uma representação dos resultados derivados da produção e da venda de óleo cru e gás, obtidos com a operação do bloco.

De acordo com as premissas assumidas no exemplo ilustrado, os resultados verificados entre o momento inicial da transação e a data do *closing* seriam atribuíveis ao adquirente, constituindo ajustes do valor justo da contraprestação.

A transferência definitiva do controle do bloco de exploração, por sua vez, confirmaria também o montante final do valor da contraprestação contingente, cujo saldo estaria influenciado pelos resultados apurados no período, entre ganhos e perdas. Para o exemplo analisado, o somatório líquido dos resultados apurados no período é positivo, reduzindo o valor da contraprestação assumida pelo adquirente.

Essa também é a orientação constante do item 58, do Pronunciamento nº 15 (R1), segundo o qual *"Essas alterações são ajustes do período de mensuração"*, e, logo, o reconhecimento inicial dos ativos líquidos terá como base o valor da contraprestação conhecida nesse momento, que no caso estudado será considerada como data de aquisição, podendo ser estendida até o momento em que encerrado o período de mensuração.

Resultados Positivos	45
Resultados Negativos	(10)
Resultado Líquido	35
Contraprestação Inicial	180
Contraprestação Final	145

Nesse caso, os ajustes líquidos apurados por ocasião da liquidação da contraprestação se tornam tributáveis em caráter definitivo nas bases fiscais do adquirente. No entanto, eventual ganho por compra vantajosa, advindo do valor justo dos ativos líquidos, teria a sua tributação diferida para o momento de uma eventual alienação.

4.8. Aquisição sem obtenção de Controle

Em muitos casos, as aquisições de participações em negócios, incluindo participação em sociedades, podem não envolver a obtenção de controle, a exemplo das participações qualificadas como coligadas. Estas situações estão fora do âmbito da combinação de negócios.

Não obstante, a mensuração do valor contábil por ocasião do reconhecimento inicial dessas participações deverá observar os critérios e as formalidades comentadas no capítulo 2. Vale dizer, com a identificação e a mensuração do valor justo dos ativos líquidos, considerando que por se tratar de participações em sociedades coligadas, a mensuração pode redundar, eventualmente, no desdobramento do *goodwill* ou no ganho por compra vantajosa, conforme o caso.

Para os demais casos, notadamente em que a participação adquirida não estiver qualificada como controlada ou coligada[163], como se verifica em relação aos ativos financeiros de um modo geral ou no caso das participações detidas por sociedades caracterizadas como organizações de capital de risco ou entidade de investimento, caberá a mensuração unicamente com base no valor justo.

Concentrando os estudos deste capítulo às participações qualificadas como coligadas, temos que o grande divisor no tocante aos critérios de mensuração de tais participações, vis a vis o tratamento cabível às aquisições em combinação de negócios, se concentra nos eventos que serão verificados após o reconhecimento inicial da participação. Senão, vejamos o quadro comparativo inicial, abaixo:

Eventos	Controladas em Combinação de Negócios	Controladas/ Coligadas
Identificação dos ativos líquidos	SIM	SIM
Mensuração do Valor Justo	SIM	SIM
Mensuração pelo valor de equivalência	SIM	SIM
Desdobramento de ágio (goodwill)	SIM	SIM
Reconhecimento de ganho por compra vantajosa	SIM	SIM
Ajuste do valor justo pela realização dos ativos líquidos	SIM	NÃO
Impairment restrito ao ágio (goodwill)	SIM	NÃO
Impairment englobando ágio e valor justo	NÃO	SIM
Aplicação das regras da combinação em estágios	SIM	NÃO
Reconhecimento de passivos contingentes	SIM	NÃO

---

[163] Ativos financeiros ou participações detidas por sociedades caracterizadas organizações de capital de risco ou entidade de investimento, caberá, exclusivamente, a mensuração da respectiva participação com base no valor justo, sem os desdobramentos em questão.

As diferenças de tratamento verificadas em cada item podem produzir consequências patrimoniais e tributárias diversas. A primeira que nos chama atenção é a realização econômica dos ativos líquidos que deram causa ao reconhecimento do valor justo.

Conforme comentado nos capítulos 3.3 e 3.4, a contrapartida derivada da realização do valor justo (participações em controladas) não produz efeitos fiscais imediatos, todavia, os seus reflexos são diferidos no tempo, do que resultam parcelas tributáveis ou dedutíveis por ocasião da realização do investimento em razão da alienação ou através da incorporação da participação, observadas as regras cabíveis a cada situação.

O montante representativo da mais valia ou menos valia apurada sobre o valor justo dos ativos líquidos em participações qualificadas como coligadas, não é afetado pela realização dos correspondentes itens patrimoniais, mesmo porque essa participação não será objeto de consolidação por parte da entidade investidora.

Pela mesma razão essa parcela do investimento pode sofrer variações, face o reconhecimento de perdas apuradas com base no teste de *impairment*, o qual é realizado em conjunto com o valor ágio (*goodwill*), quando desdobrado.

A realização fiscal dessas parcelas segue a regra geral, já abordada em outra oportunidade, sendo que a alienação mediante venda é um evento que permite a dedutibilidade integral e imediata do valor da participação, correspondendo ao seu valor avaliado pelo patrimônio líquido e os seus demais desdobramentos, a exemplo da mais valia, e, quando for o caso, do *goodwill*, sendo essas parcelas consideradas para fins de determinação do ganho ou perda de capital da participação alienada.

Na mesma ocasião, caberá a exclusão de parcelas baixadas em razão de perdas por ausência de recuperação econômica (*impairment*), cujas contrapartidas teriam sido, conforme a regra aplicável, adicionadas às bases fiscais do período correspondente.

O outro cenário que permite a realização fiscal dessas parcelas é o evento de incorporação. A incorporação de sociedades coligadas é menos recorrente, cuja execução demandaria a prévia relação de troca para equalização da participação dos demais sócios/acionistas. Em outras situações, essa operação também pode ocorrer quando derivada de cisão parcial, na qual a parcela atribuída ao sócio/acionista é objeto da incorporação.

É certo, porém, que o critério de valoração dessas participações deverá ocasionar diferenças significativas de valores já que nesse momento (incorporação) caberá nova avaliação, inclusive com mensuração de valor justo quando necessária a determinação do valor de troca[164] de participações.

No intervalo verificado entre a aquisição da participação e o evento de incorporação são esperadas variações significativas sobre o valor dos ativos líquidos, seja em razão de eventual redução por *impairment* ou mesmo por novos parâmetros de avaliação para atribuição do valor justo atribuível.

Vejamos como exemplo o seguinte caso:

- Momento da aquisição e reconhecimento inicial: ano X1
- Contraprestação transferida em virtude da aquisição da participação equivalente a 25% do capital votante de uma sociedade: $ 30 milhões;
- Participação no valor justo dos ativos líquidos da Adquirida no reconhecimento inicial: $28 milhões;
- Em X2, a Adquirida sofreu cisão parcial, e, ato contínuo, a parcela atribuída ao respectivo Adquirente é incorporada;
- Não há perdas reconhecidas por *impairment*;
- Equivalência patrimonial positiva no período: $ 5 milhões;
- Participação no valor justo dos ativos líquidos no momento da incorporação: $31 milhões.

Nesse caso, os seguintes efeitos seriam apurados por ocasião do evento da incorporação da parcela cindida do patrimônio:

Participação Societária	em milhões ($)
Ativos Líquidos em X1	28
Ativos Líquidos em X2	31
Variação (X1 - X2)	3
(-) Equivalência patrimonial positiva	(5)
Perda por variação do valor justo	(2)

---

[164] Sobre os critérios de cálculo do valor de troca de participações, vide a Instrução nº 319, de 03.12.99, emitida pela Comissão de Valores Mobiliários (CVM).

A diferença apurada no demonstrativo acima pode ter origem na variação dos correspondentes valores justos em cada período e/ou da realização econômica dos ativos líquidos que deram causa a mais valia, por exemplo, via depreciação, amortização, exaustão e outras baixas, influenciando, principalmente o valor apurado por meio de equivalência patrimonial.

Os resultados verificados por ocasião do evento da incorporação, são imediatamente reconhecidos.

Nesse exemplo que é ilustrado não foram considerados outros impactos possíveis, como aqueles que seriam verificados em uma eventual relação de troca de participação, mas, o artigo 39[165], da Lei nº 12.973/14, disciplina os correspondentes efeitos fiscais em caráter genérico, independente da condição em que a operação venha a ocorrer. Sendo assim, este dispositivo é aplicável a qualquer evento de incorporação que envolva sociedades coligadas.

O tratamento preconizado por aquele dispositivo impõe a neutralidade fiscal para as variações decorrentes de:

- Ganho ou perda gerado pela diferença positiva ou negativa do valor justo inicial (reconhecimento inicial) e a avaliação na data do evento; e
- O ganho por excesso do valor justo dos ativos líquidos apurado na data do evento, na proporção da participação anterior.

---

[165] Lei nº 12.973/14, art. 39: "Nas incorporações, fusões ou cisões de empresa não controlada na qual se detinha participação societária anterior que não se enquadrem nas situações previstas nos arts. 37 e 38, não terá efeito na apuração do lucro real: I – o ganho ou perda decorrente de avaliação da participação societária anterior com base no valor justo, apurado na data do evento; e II – o ganho decorrente do excesso do valor justo dos ativos líquidos da investida, na proporção da participação anterior, em relação ao valor dessa participação avaliada a valor justo. § 1º Deverão ser contabilizadas em subcontas distintas: I – a mais ou menos-valia e o ágio por rentabilidade futura (**goodwill**) relativos à participação societária anterior, existentes antes da incorporação, fusão ou cisão; e II – as variações nos valores a que se refere o inciso I, em decorrência da incorporação, fusão ou cisão. § 2º Não deve ser computada na apuração do lucro real a variação da mais-valia ou menos-valia de que trata o inciso II do § 1º, que venha a ser: I – considerada contabilmente no custo do ativo ou no valor do passivo que lhe deu causa; ou II – baixada, na hipótese de ativo ou o passivo que lhe deu causa não integrar o patrimônio da sucessora. § 3º Não poderá ser excluída na apuração do lucro real a variação do ágio por rentabilidade futura (goodwill) de que trata o inciso II do § 1º. (...)"

O controle dos correspondentes saldos por meio de subcontas é exigido como condição necessária ao tratamento fiscal em comento. Para o exemplo anteriormente ilustrado, a perda apurada seria objeto de adição às bases do IRPJ e da CSLL.

Nesse caso, a contrapartida do excesso de valor justo, apurada por ocasião do evento da incorporação e que tenha sido acrescida ao saldo dos correspondentes ativos, não é computada para efeito de apuração das bases do IRPJ e da CSLL, cujo ajuste deverá ser demonstrado através das subcontas.

Os demais impactos derivados dos saldos apurados na data da aquisição da participação estão sujeitos às regras gerais, definidas no art. 20, do DL nº 1.598/77, as quais foram tratadas com maior detalhe no capítulo 3.

Assim, a parcela relativa a mais valia dos ativos líquidos, apurada no reconhecimento inicial, tem a sua dedutibilidade fiscal permitida a partir do evento de incorporação, na proporção da realização econômica dos correspondentes itens patrimoniais. Enquanto que para a dedução do montante desdobrado como goodwill deverá ser observado o limite máximo de 1/60 avos para cada mês de apuração.

Por outro lado, o ganho por excesso de valor justo que tenha sido apurado por ocasião do reconhecimento inicial, deverá ser submetido à tributação, a partir do evento de incorporação, à razão mínima de 1/60 avos por mês, nos termos do art. 23, do referido DL. Sem efeito, contudo, nas bases das contribuições sociais sobre o faturamento.

4.9. Aquisição Indireta. Uso de Empresas-Veículo e as Discussões Jurídicas Pertinentes

Em muitos casos a aquisição do controle de participações pode ser operada por meio de uma estrutura intermediária, como ocorrem nas situações em que há interposição de outra sociedade (holding), pré-existente ou criada para a realização da transação e manutenção da participação adquirida.

Por exemplo, a empresa "A" constitui a empresa "B", mormente, denominada como "empresa-veículo", sendo esta segunda uma subsidiária de "A". Essa segunda empresa ("B") adquire 55% de participação no capital votante de uma terceira empresa "C", e se torna a sua controladora.

A empresa "A", na qualidade de controladora da sociedade interposta ("B"), será controladora indireta da nova participação adquirida ("C"). O controle indireto possui igual status do controle direto seja no âmbito da Lei nº 6.404/76, ou mesmo pelos termos do Pronunciamento nº 18, do CPC.

O uso de sociedades-holding com a finalidade exclusiva de realização de aquisições é um assunto que há muito é debatido, especialmente em relação às possíveis consequências fiscais que podem ser observadas, em especial, no tocante à forma de dedução do ágio gerado nessas transações.

A dedução do ágio apurado em transações operadas a partir dessas estruturas vem sendo objeto de recorrentes questionamentos apresentados pela Administração Fazendária, em razão da conhecida prática de incorporação reversa (na qual a controladora é incorporada pela controlada), permitindo, assim, a transferência do valor do ágio e a sua fruição a posteriori. Conforme abordado no capítulo 3, a incorporação é um evento determinante para a dedução do ágio.

Valendo-nos do exemplo inicialmente ilustrado nesse capítulo, teríamos a incorporação da empresa "B" (empresa veículo) pela empresa "C" (adquirida), para a qual o ágio desdobrado no reconhecimento inicial seria transferido e deduzido em suas bases fiscais, com a observância das condições já comentadas no capítulo 3. No exemplo inicialmente apresentado, os efeitos fiscais, transferidos por meio da incorporação somente teriam sido viabilizados em razão da interposição da empresa veículo.

A maior parte dos questionamentos suscitados pela Administração Fazendária tem como elemento motivador a suposta ausência de propósito negocial, capaz de justificar a interposição da empresa-veículo e sua posterior incorporação.

Logo, o uso dessas estruturas para efeito de aquisição de participações e posteriores desdobramentos (via incorporação), há muito, está nos "radares" da Administração Fazendária, principalmente em razão da materialidade dos valores envolvidos.

A despeito da visão restritiva que as autoridades fiscais possuem sobre a matéria ou mesmo os possíveis limites jurídicos cabíveis à transferência dos efeitos fiscais, é de bom tom lembrar que o uso das empresas-veículo é um importante instrumento para viabilizar diversas transações, no que tange a estruturação financeira das operações e eventuais composições de ordem societária.

Além disso, o seu uso já foi inclusive incentivado ao tempo do processo de desestatização[166], eis que a Lei nº 9.491, de 09.09.97[167], que disciplinou o Programa Nacional de Desestatização, permitiu que a aquisição de ativos vinculados àquele Programa pudesse ser efetuada através de empresas-veículo.

Não só em casos de aquisição de ativos em processo de desestatização, mas, também em outras situações, a formalização de transações por meio dessas sociedades (empresas-veículo), com a posterior incorporação (reversa) das mesmas, se tornou uma estratégia adotada de forma ampla no mercado, com foco na eficiência fiscal, além das questões comentadas acima, em que pese às discussões jurídicas que o tema comporta.

O objetivo colimado em grande parte das operações verificadas foi o de permitir a dedução fiscal do ágio, via de regra, viabilizada através da incorporação da empresa-veículo (incorporação reversa, que é procedida por parte da adquirida), já que essa operação é um evento condicionante à produção do efeito tributário desejado, tal como já comentado em diversos tópicos.

Por meio da incorporação reversa, muitos contribuintes pretenderam que os efeitos da dedução fiscal do ágio, em um período pretérito às regras atuais, fossem transferidos para empresa adquirida, então controlada, sendo esse evento, muitas vezes, parte do planejamento financeiro na aquisição do ativo[168].

---

[166] Ao tempo de publicação da referida Lei, o processo de desestatização se encontrava acelerado, cujos investimentos realizados nas aquisições tendiam a gerar expressivos montantes classificados como ágio no balanço das partes adquirentes (o padrão do IFRS ainda não era adotado no Brasil). Logo, as restrições legais à dedutibilidade do ágio, cumuladas com outras, por vezes de caráter regulatório, constituíam um obstáculo à dedução fiscal, o qual somente podia ser transposto mediante o uso de estruturas que envolviam a interposição das chamadas "empresas-veículo".

[167] Lei nº 9.491/97, art. 4º, § 1º: "Art. 4º As desestatizações serão executadas mediante as seguintes modalidades operacionais: (...) § 1º A transformação, a incorporação, a fusão ou a cisão de sociedades **e a criação de subsidiárias integrais poderão ser utilizadas a fim de viabilizar a implementação da modalidade operacional escolhida.**". Grifos.

[168] Isto porque a consequência principal derivada da dedução fiscal do ágio na empresa adquirida é a redução da despesa tributária corrente (IRPJ/CSLL), que se reflete no aumento do valor presente líquido do investimento, face a maior geração de caixa, e o incremento da taxa interna de retorno do ativo, indicadores importantes para qualquer estruturação de *funding*.

Para tanto, é que a Lei nº 9.532, de 10.12.97, publicada ao tempo do processo de desestatização, passou a disciplinar a dedutibilidade do ágio transferido para a sociedade incorporadora em operações de incorporação reversa, conforme se verifica pelos arts. 7º e 8º, ambos, da referida Lei, abaixo:

> "Art. 7º A pessoa jurídica que absorver patrimônio de outra, em virtude de incorporação, fusão ou cisão, na qual detenha participação societária adquirida com ágio ou deságio, apurado segundo o disposto no **art. 20 do Decreto-Lei nº 1.598, de 26 de dezembro de 1977**:
> (...)
> III - poderá amortizar o valor do ágio cujo fundamento seja o de que trata a **alínea "b" do § 2º do art. 20 do Decreto-lei nº 1.598, de 1977**, nos balanços correspondentes à apuração de lucro real, levantados posteriormente à incorporação, fusão ou cisão, à razão de um sessenta avos, no máximo, para cada mês do período de apuração;
> (...)
> a) o ágio, em conta de ativo diferido, para amortização na forma prevista no inciso III;
> (...)
> Art. 8º O disposto no artigo anterior aplica-se, inclusive, quando:
> (...)
> b) a empresa incorporada, fusionada ou cindida for aquela que detinha a propriedade da participação societária."
>
> – grifos não constantes do texto original –

Sem ainda enfrentar as questões jurídicas e econômicas que esse tema merece, podemos considerar que as aquisições envolvendo o uso de empresas-veículo e a sua posterior incorporação, apresentam os seguintes desdobramentos, conforme a esquematização resumida apresentada:

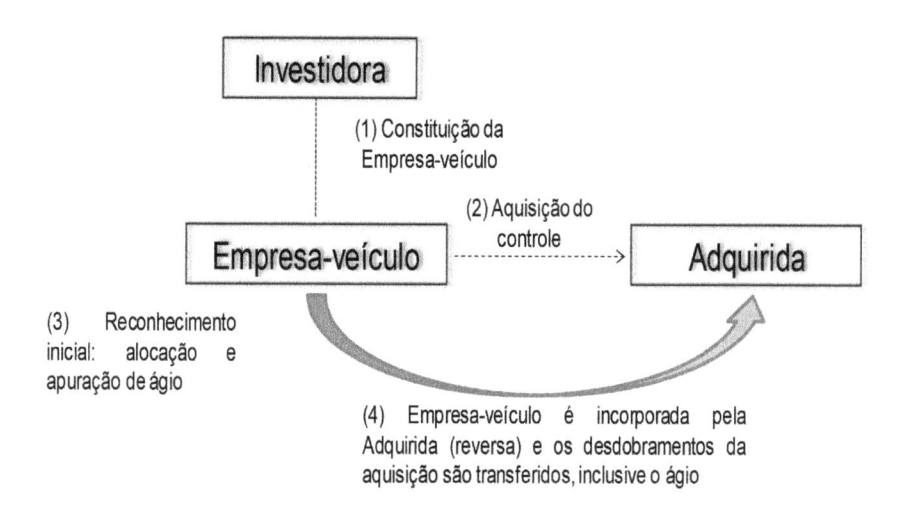

ANÁLISE DOS EFEITOS FISCAIS EM EVENTOS ESPECÍFICOS

```
                    ┌─────────────┐
                    │ Investidora │
                    └──────┬──────┘
                           │ (1) Constituição da
                           │     Empresa-veículo
                           │
                           │           (2) Aquisição do
                           ▼               controle
                    ┌───────────────┐                  ┌───────────┐
                    │ Empresa-veículo│ - - - - - - - ->│ Adquirida │
                    └───────────────┘                  └───────────┘
(3)  Reconhecimento
inicial:  alocação  e
apuração de ágio
                           (4) Empresa-veículo é incorporada pela
                           Adquirida (reversa) e os desdobramentos da
                           aquisição são transferidos, inclusive o ágio
```

Essa formatação, bastante resumida, não considera os impactos que as regras do IFRS podem produzir no tocante ao desdobramento do valor da participação societária adquirida, aspecto que, pode trazer sensíveis diferenças na discussão do tema.

Considerando valores ilustrativos, e, ainda, previamente ao padrão IFRS (**desprezando, inicialmente, o desdobramento do valor justo dos ativos líquidos, comentado no capítulo 2**), o comportamento das informações contábeis se apresentaria da seguinte forma:

Dados hipotéticos:

Valor da transação: $ 45.000
Valor do PL da Adquirida: $ 30.000
Percentual correspondente (ilustrativo): próximo de 100%

Na sequência, passemos a analisar as demonstrações financeiras da adquirida e da adquirente (no caso, empresa-veículo), logo após a aquisição.

COMBINAÇÃO DE NEGÓCIOS

Balanço Patrimonial da "Adquirida"

ATIVO		PASSIVO	
Circulante	30.000	Circulante	15.000
		Não Circulante	10.000
Não Circulante	25.000	Patrimônio Líquido	30.000
TOTAL do ATIVO	**55.000**	**TOTAL do PASSIVO/PL**	**55.000**

Balanço Patrimonial da "Empresa-Veículo"

ATIVO		PASSIVO	
Não Circulante	45.000		
Investimento	30.000	Patrimônio Líquido	45.000
Ágio (goodwill)	15.000	Capital/Reservas	45.000
TOTAL do ATIVO	**45.000**	**TOTAL do PASSIVO/PL**	**45.000**

* Nesse exemplo, não foi considerada a alocação do valor justo dos ativos líquidos da adquirida

No exemplo acima e a despeito dos detalhes abordados em capítulos anteriores, consideremos, para fins didáticos, que toda a diferença entre a contraprestação e o valor apurado com base no patrimônio líquido da investida teria sido desdobrado como *goodwill*, de forma simplória.

Em uma hipótese de incorporação (reversa), a empresa adquirida figura na qualidade de incorporada, sendo o ágio que se encontrava desdobrado no adquirente, transferido integralmente. Os efeitos fiscais passariam a ser produzidos via dedução nas bases imponíveis do IRPJ e da CSLL na sociedade incorporadora, então controlada.

Abaixo, a demonstração financeira da incorporadora (adquirida) após a incorporação, na qual o ágio originalmente desdobrado na empresa veículo passa a ser registrado como ativo da empresa adquirida.

Balanço Patrimonial da "Adquirida" - Pós-Incorporação

ATIVO		PASSIVO	
Circulante	30.000	Circulante	15.000
		Não Circulante	10.000
Não Circulante	40.000	Patrimônio Líquido	45.000
Outros	25.000	Capital/Reservas	30.000
Ágio	15.000	Reserva Especial	15.000
TOTAL do ATIVO	70.000	TOTAL do PASSIVO/PL	70.000

A contrapartida do valor do ágio recebido por transferência, em virtude do evento da incorporação, representa um acréscimo patrimonial para a incorporadora (controlada), mediante cômputo de montante correspondente em rubrica específica no patrimônio líquido (reserva especial).

Esse evento torna a dedutibilidade do ágio possível, observado o prazo legal estabelecido[169] e as questões jurídicas adiante comentadas. Lembrando que, anteriormente à regulação por parte da Lei 12.973/14, essa dedução era alcançada via amortização contábil do valor registrado como ágio, ao passo que, no âmbito das regras atuais esse efeito é obtido via exclusão nas bases do IRPJ/CSLL[170].

Os critérios cabíveis ao reconhecimento dos efeitos derivados dessa operação foram objeto de orientação trazida por meio da Instrução nº 319, de 03.12.99 (art. 6º), emitida pela Comissão de Valores Mobiliários (CVM), a qual disciplinou um tratamento próprio a esses casos para efeito de publicação de demonstrações financeiras.

---

[169] Em se tratando de *goodwill*, a dedução é limitada a 1/60 avos, no máximo, em cada período de apuração.
[170] Vide comentários gerais no capítulo 3.

A Incorporação Reversa e a Instrução CVM 349

Antes que o tema enfrentasse as discussões jurídicas atuais em matéria tributária, a CVM havia publicado a Instrução nº 349, de 06.03.01, alterando o art. 6º, §1º, da Instrução (CVM) de nº 319, de 03.12.99.

De acordo com a citada instrução, o acréscimo patrimonial decorrente da incorporação, quando a controlada figurava como incorporadora, deveria se restringir ao efetivo benefício econômico a ser alcançado, nas hipóteses em que o valor do ágio desdobrado estivesse representado pela expectativa de resultados futuros (*goodwill*) ou mais valia de itens classificados no ativo imobilizado[171]. Há que se lembrar que, naquela época, face a ausência de imposição de avaliação com base no valor justo, o desdobramento ocorria comumente de forma arbitrária, levando à alocação de toda a diferença como *goodwill*.

Assim, vejamos as disposições do citado dispositivo, abaixo:

> "Art. 6º O montante do ágio ou do deságio, conforme o caso, resultante da aquisição do controle da companhia aberta que vier a incorporar sua controladora será contabilizado, na incorporadora, da seguinte forma:
> I – nas contas representativas dos bens que lhes deram origem – quando o fundamento econômico tiver sido a diferença entre o valor de mercado dos bens e o seu valor contábil (Instrução CVM nº 247/96, art. 14, § 1º);
> II – em conta específica do ativo imobilizado (ágio) – quando o fundamento econômico tiver sido a aquisição do direito de exploração, concessão ou permissão delegadas pelo Poder Público (Instrução CVM nº 247/96, art. 14, § 2º, alínea b); e
> III – **em conta específica do ativo diferido (ágio)** ou em conta específica de resultado de exercício futuro (deságio) – **quando o fundamento econômico tiver sido a expectativa de resultado futuro** (Instrução CVM nº 247/96, art. 14, § 2º, alínea a).

---

[171] Lembrando que a Instrução em comento foi emitida em um período anterior à adoção do IFRS, de modo o que a expressão "ativo imobilizado", empregada na sua redação pode ter maior abrangência.

§1º O registro do ágio referido no inciso I deste artigo terá como contrapartida reserva especial de ágio na incorporação, constante do **patrimônio líquido, devendo a companhia observar, relativamente aos registros referidos nos incisos II e III, o seguinte tratamento:
a) constituir provisão, na incorporada, no mínimo, no montante da diferença entre o valor do ágio e do benefício fiscal decorrente da sua amortização, que será apresentada como redução da conta em que o ágio foi registrado;
b) registrar o valor líquido (ágio menos provisão) em contrapartida da conta de reserva referida neste parágrafo;
c) reverter a provisão referida na letra "a" acima para o resultado do período, proporcionalmente à amortização do ágio**; e
d) apresentar, para fins de divulgação das demonstrações contábeis, o valor líquido referido na letra "a" no ativo circulante e/ou realizável a longo prazo, conforme a expectativa da sua realização.
§2º A reserva referida no parágrafo anterior somente poderá ser incorporada ao capital social, na medida da amortização do ágio que lhe deu origem, em proveito de todos os acionistas, excetuado o disposto no art. 7º desta Instrução. §3º Após a incorporação, o ágio ou o deságio continuará sendo amortizado observando-se, no que couber, as disposições das Instruções CVM nº 247, de 27 de março de 1996, e nº 285, de 31 de julho de 1998.

– grifos não constantes do texto original –

A imposição do Órgão Regulador redundaria, em relação à parcela representada pelo *goodwill*, em um acréscimo patrimonial restrito ao próprio efeito fiscal, calculado com base nas alíquotas nominais do IRPJ e da CSLL, a que estivesse submetida a empresa incorporadora. Então, a diferença entre o valor do *goodwill* e o crédito fiscal seria objeto da provisão requerida pela Instrução nº 349/01.

Se considerado os estritos termos daquela Instrução e os dados hipotéticos utilizados no exemplo analisado, teríamos o seguinte efeito na demonstração da incorporadora, após o evento da incorporação:

Balanço Patrimonial da "Adquirida" - Pós-Incorporação

ATIVO		PASSIVO	
Circulante	30.000	**Circulante**	15.000
Não Circulante	30.000	**Não Circulante**	10.000
Outros	25.000	**Patrimônio Líquido**	35.000
Ágio	15.000	Capital/Reservas	30.000
Provisão (retificadora)	(10.000)	Reserva Especial	5.000
TOTAL do ATIVO	**60.000**	**TOTAL do PASSIVO/PL**	**60.000**

Veja que a imposição da Instrução produziria um efeito patrimonial negativo para a sociedade controladora original, no caso, aquela que inicialmente teria constituído a empresa-veículo para viabilizar a aquisição, eis que a constituição da provisão estaria refletida por equivalência patrimonial e revelaria um decréscimo do patrimônio consolidado.

A única forma de corrigir essa distorção seria recompor o patrimônio a partir do valor contábil do investimento que estava registrado na empresa veículo, o que importaria efetuar os mesmos desdobramentos que o investimento inicial comportaria. Essa possibilidade, embora não expressa no texto da Instrução CVM nº 349, foi objeto de comentários em sua Nota Explicativa, como se verifica no trecho transcrito:

> "(...)
> Foi mencionado que, concluído o processo de incorporação da empresa veículo, o investimento e, consequentemente, o ágio permanecem inalterados na controladora original. **Dessa forma, torna-se necessário que, na avaliação do investimento na controladora, sejam recompostos os montantes da equivalência patrimonial e do ágio remanescente.**
> (...)"
>
> – grifos não constantes do texto original –

O ajuste proposto a partir desse comentário, em que pese mera Nota Explicativa, já sugeria que a provisão então requerida não teria o condão de produzir o efeito de perda patrimonial nas informações consolidadas.

De qualquer forma, essa equalização patrimonial, embora anule a distorção contábil produzida pela provisão requerida, não é suficiente para eliminar as discussões jurídicas no campo tributário, que este tema enseja.

Incorporação Reversa e a Visão da Fazenda Pública
A aquisição de participações societárias por meio de empresas-veículos, e, até, a sua posterior incorporação (reversa), são operações societárias juridicamente possíveis, desde que realizadas com atendimento às formas exigidas por lei.

Todavia, um fato comumente verificado em muitas das operações assim realizadas, é a inexistência de qualquer outra atividade econômica substancial exercida por parte da empresa intermediária (empresa-veículo).

Sob o enfoque econômico, esse aspecto pode acarretar outras consequências, levando ao debate quanto a possíveis limitações dos efeitos fiscais inicialmente estimados, além de alterar os critérios de mensuração de acordo com as melhores práticas contábeis.

Não por menos, o uso constante dessa modalidade de operação sempre foi tratado com reservas pela Administração Fazendária, gerando questionamentos em diversas oportunidades, com a consequente constituição de crédito tributário em face de contribuintes, originado a partir da glosa das deduções efetuadas com base na amortização de parcelas tratadas como ágio, mormente transferidas em virtude de operações de incorporação reversa, nas quais a controladora (empresa-veículo) figurava como pessoa jurídica incorporada.

Embora a incorporação reversa não exija condições específicas para produção dos seus efeitos fiscais, além do atendimento às formalidades cabíveis, alguns aspectos relevantes vêm sendo objeto dos inúmeros questionamentos por parte da Administração Fazendária, principalmente quando a aquisição inicial envolve o uso de empresas-veículo, dentre os quais podem ser destacados quatro aspectos principais, extraídos das muitas autuações produzidas pela Fazenda Pública:

a) **Inexistência de atividade econômica substancial (empresa-veículo), ou a ausência do propósito negocial da operação em si:** Em diversas situações a empresa veículo se apresenta na forma de uma *paper company*, sem a prática de qualquer outro ato, sendo, por vezes, constituída unicamente para ser interposta entre o investidor (real adquirente) e a empresa adquirida. (ex: acórdão nº 1402-002.373, da 4ª Câmara, 2ª Turma Ordinária – CARF).

b) **Realização de operações em ato contínuo:** Não é incomum constatar que a aquisição e a subsequente incorporação possam ocorrer em breve intervalo, e, em certos casos, praticadas em atos contínuos em um mesmo instrumento. (ex.: acórdão nº 103-23.290, da Terceira Câmara do Primeiro Conselho de Contribuintes, atual CARF).

c) **Ausência de fundamento econômico para sustentar a rentabilidade futura:** Esse aspecto também foi suscitado pela Administração Fazendária em algumas oportunidades, mormente quando os retornos produzidos pelo investimento adquirido, medidos pelo resultado de equivalência patrimonial, são incompatíveis com o montante do ágio desdobrado. (ex: acórdão nº 1402-000.342, 4ª Câmara, 2ª Turma Ordinária. CARF).

d) **Operações realizadas entre empresas ligadas.** Especialmente para os casos em que as transações, das quais se derivou o ágio, tenha sido realizada entre empresas de um mesmo grupo econômico, o que ficou conhecido como "ágio interno". (ex.: acórdão nº 110300.501 –1ª Câmara / 3ª Turma Ordinária).

A despeito das ponderações pertinentes, os pontos mencionados nos dois primeiros itens acima, costumam ser levados a efeito com grande frequência.

Isso se deve ao fato de que, na maior parte das vezes, a interposição de empresas-veículos é operada por meio de estruturas meramente contratuais, nas quais a empresa intermediária não apresenta qualquer atividade econômica efetiva ou substantiva[172], inexistindo inclusive autonomia administrativa

---

[172] Não há um conceito próprio para determinação do que viria a caracterizar a atividade econômica substantiva, em que pese essa expressão nos remeta, de forma quase inexorável, à noção de operações envolvendo a compra e venda, produção de bens e serviços ou qualquer outra transação de conteúdo comercial que exija o uso de algum tipo de estrutura

para a prática de negócios jurídicos em geral, mormente nos casos em que a administração dessas estruturas é composta por membros que atuam de modo efetivo nas empresas controladoras originais.

A partir dessa linha é que inúmeras autuações foram lavradas pelas Autoridades Fiscais, com o objetivo de restringir a dedução do valor do ágio transferido nessas operações, iniciando, assim, um longo contencioso tributário entre os Contribuintes e a Fazenda Pública, com muitos processos ainda tramitando na esfera administrativa.

Quanto à ocorrência de operações realizadas em ato contínuo, mormente a aquisição e a incorporação subsequente realizadas em um curto intervalo entre os atos, há que se considerar que se trata de mais uma situação não disciplinada e para qual inexistem parâmetros legais próprios. Todavia, a prática de atos contínuos quando cumulada com a ausência de propósito negocial ou justificativas econômicas, pode ganhar relevância no contexto de uma discussão jurídica envolvendo a glosa da dedutibilidade do ágio, tal como tratado no acórdão nº 103-23.290, da 3ª Turma Ordinária, da 1ª Câmara do CARF, abaixo:

> "(...) INCORPORAÇÃO DE EMPRESA. AMORTIZAÇÃO DE ÁGIO. NECESSIDADE DE PROPÓSITO NEGOCIAL. UTILIZAÇÃ0 DE "EMPRESA VEICULO". **Não produz o efeito tributário** almejado pelo sujeito passivo **a incorporação de pessoa jurídica**, em cujo patrimônio constava registro de ágio com fundamento em expectativa de rentabilidade futura, **sem qualquer finalidade negocial ou societária, especialmente quando a incorporada teve o seu capital integralizado com o investimento originário de aquisição de participação societária da incorporadora (ágio) e, ato continuo, o evento da incorporação ocorreu no dia seguinte**. Nestes casos, resta caracterizada a utilização

---

física, emprego de pessoal, dentre outros fatores de caráter permanente. Pontualmente, a Lei nº 12.249, de 11.06.2010, empregou a expressão "capacidade operacional", para efeito de limitar a dedutibilidade de gastos envolvendo a contratação de serviços por empresas brasileiras junto a pessoas domiciliadas em países ou dependências legalmente qualificadas como de tributação favorecida ou sob regime fiscal privilegiado. No entanto, as disposições daquela Lei também foram lacônicas quanto aos critérios jurídicos capazes de alcançar tal definição.

da incorporada como mera "empresa veiculo" para transferência do ágio a incorporadora."

Sem adentrar outros detalhes que poderiam ser extraídos dos autos do respectivo processo, é possível identificar dois fatores essenciais, sob os quais esteve baseada a autuação e o entendimento das autoridades julgadoras, quais sejam: *i*) finalidade negocial: o que nos traz a imediata noção de inexistência de quaisquer atos de conteúdo transacional praticados pela empresa-veículo e teoricamente necessários a justificar a sua existência; e *ii*) realização de operações em ato contínuo: a empresa-veículo teria sido incorporada em momento imediatamente seguinte à aquisição do ativo. Fato bastante comum em diversos casos análogos.

Ao que é indicado, a grande motivação para a glosa da despesa naquele caso, dentre muitos outros de conteúdo similar, teve origem a partir da premissa de uma suposta ausência de justificativas no que diz respeito à interposição da empresa-veículo ao entendimento das autoridades julgadoras, o que é resumido pela expressão "propósito negocial", embora tal conceito não possa ser definido com precisão, mesmo porque inexistente quaisquer regras objetivas tendentes a qualificar tal hipótese.

Tal assertiva não tem qualquer pretensão de desconsiderar o grande esforço por parte dos vários e ilustres autores no meio jurídico na tentativa de construir parâmetros que permitam delimitar a ideia acerca do propósito negocial, já que essa discussão é enfrentada de modo recorrente, a exemplo do julgado analisado, onde se verifica uma combinação entre o uso de empresa veículo e a realização de atos contínuos, os quais, aparentemente teriam o objetivo precípuo de transferir o ágio apurado na transação inicial para a empresa adquirida, que figura na qualidade de incorporadora.

Ainda assim, muitas lacunas a respeito da aplicação prática do conceito discutido permanecem nas situações concretas, especialmente naquelas em que não se verifica a prática de atos contínuos, mas a incorporação a posteriori venha a se materializar. Por exemplo, a constituição de uma empresa (veículo) como instrumento de captação de recursos utilizados na aquisição de uma participação, inclusive quando decorrente da imposição das entidades provedoras do financiamento da transação, por conta de garantias ou outras exigências do gênero, poderia constituir um elemento fático capaz de justificar o propósito negocial? E como negar o propósito econômico nessa hipótese ou em casos análogos?

Fábio Piozevan Bozza[173] comenta que:

> "(...) a falta de propósito negocial revela a incompatibilidade entre a causa concreta e a causa abstrata e constitui indício importante na identificação da **simulação**, de acordo com a teoria causalista negócio jurídico. **Traduz a hipótese em que a adoção de determinado ato ou negócio jurídico mostra-se inconsistente e antagônica com o comportamento das partes.**". Grifos.

Por sua vez, Andrade (2014) considera que a simulação tem como evidências concretas a realização de transações por valores incompatíveis com as práticas usuais em situações comparáveis, a exemplo do valor que seria obtido em negócios similares verificadas em um mercado ativo[174], sem embargo de outros aspectos jurídicos, julgados importantes em cada caso.

Na mesma linha, Abrahan (2018) nos ensina que a simulação "manifesta-se por meio de um ato volitivo perpetrado pelo agente com objetivo de produzir efeitos diferentes do que externamente se apresenta (...)". Logo, o efeito tributário produzido em tal hipótese tende a se afastar daquele que regularmente seria apurado.

Essa outra questão pode ser melhor enfrentada se considerarmos um cenário em que a transação inicial, mesmo envolvendo o uso de empresa-veículo, tenha sido tratada entre partes independentes e cuja avaliação dos ativos líquidos tenha observado o padrão IFRS. Baseado na prevalência do valor justo para as operações entre partes independentes, é possível estabelecer alguns parâmetros razoáveis, ao menos no tocante à avaliação dos ativos envolvidos e da própria alocação do valor da contraprestação, já que o reconhecimento

---

[173] *In* PLANEJAMENTO TRIBUTÁRIO E AUTONOMIA PRIVADA, p. 241, Quartier Latin, Série Doutrina Tributária Vol. XV, São Paulo.

[174] Andrade (2014): "a simulação fica evidente quando adotado exemplo despretensioso, porém vislumbrado diariamente, como no caso da realização de uma operação de compra e venda de bem imóvel, em que a transação real foi realizada por determinado valor, porém do título consta valor inferior para que a base de cálculo do ITBI seja reduzida, bem como o ganho de capital da parte contrária igualmente incida sobre cifra menor.".

do *goodwill* terá sempre caráter residual. Isto, de per si, já representa algumas restrições a arbitrariedades quanto ao juízo de valor em questionamentos de ordem fiscal.

Para o terceiro item destacado anteriormente e que trata de eventual falta de sustentação econômica do ágio, notadamente quando percebidas perdas posteriores à aquisição (cujo paradigma citado foi o acórdão nº 1402-000.342), é de se concluir que esse tipo de abordagem fiscal apresenta pouca relevância para a discussão jurídica do tema, mesmo porque, qualquer hipótese em que o reconhecimento inicial redunde desdobramento de ágio, seja por valor justo ou *goodwill*, estar-se-ia diante de um fato concreto, desde que a entrega do valor da contraprestação que serviu de base para o reconhecimento inicial seja devidamente comprovada em uma operação realizada entre partes independentes[175].

Ademais, no cenário atual (adoção do IFRS), uma eventual não confirmação dos valores atribuídos no reconhecimento inicial, a exemplo da apuração de perdas subsequentes advindas de uma participação adquirida, é uma questão de ordem patrimonial e que sujeita o adquirente à adoção e observância da regra de ajuste por meio de redução ao valor recuperável[176] (*impairment*). Esse tratamento contábil e incapaz de produzir efeitos fiscais por si só, de modo a não prejudicar a dedutibilidade do valor do ágio apurado na transação.

Para o quarto item destacado, que trata das operações efetivadas entre empresas ligadas, e para o qual vem sendo adotadas expressões como "ágio interno" ou "ágio de si mesmo", de forma costumeira, pode ser constada uma parcela expressiva do contencioso relacionado ao tema.

Como exemplo, vejamos as ementas dos Acórdãos **nº 1103-00501**, da **1º Câmara, 3º Turma Ordinária, e d**e nº 140200.802, 4ª Câmara, 2ª Turma Ordinária, ambos, do Conselho Administrativo de Recursos Fiscais (dentre muitos outros):

---

[175] Lembrando, conforme comentado no capitulo 2, que os valores excedentes apurados em uma realização de operação entre partes dependentes passam a ser tratados como transação de capital, cujos efeitos fiscais são limitados, seja em razão da natureza do evento ou mesmo pela disciplina imposta pela Lei nº 12.973/14.

[176] O ajuste por redução ao valor recuperável não é computado nas bases do IRPJ e da CSLL.

Acórdão nº 1103-00501
"Sendo a decisão devidamente motivada e fundamentada, não há que se falar em nulidade. O fato dela não ter rebatido ponto a ponto as razões da defesa não implica vício.
ASSUNTO. IMPOSTO SOBRE A RENDA DE PESSOA JURÍDICA IRPJ
Anocalendário: 2003, 2004, 2005, 2006
CUSTOS E DESPESAS OPERACIONAIS. SERVIÇOS. COMPROVAÇÃO DOS VALORES.
Despesas operacionais são aquelas necessárias a atividade operacional da empresa e, no caso de prestação de serviços, devem ser comprovadas mediante documentos que permitam identificar os prestadores, sem o que procede a glosa fiscal.
CUSTOS E DESPESAS OPERACIONAIS. OPERAÇÕES SOCIETÁRIAS. ENCARGO DE AMORTIZAÇÃO DE ÁGIO GERADO COM UTILIZAÇÃO DE SOCIEDADE VEÍCULO. ÁGIO DE SI MESMO. ABUSO DE DIREITO.
O ágio gerado em operações societárias, para ser eficaz perante o Fisco, deve decorrer de atos econômicos efetivamente existentes. A geração de ágio de forma interna, ou seja, dentro do mesmo grupo econômico, sem a alteração do controle das sociedades envolvidas, sem qualquer desembolso e com a utilização de empresa inativa ou de curta duração (sociedade veículo) constitui prova da artificialidade do ágio e torna inválida sua amortização. A utilização dos formalismos inerentes ao registro público de comércio engendrando afeiçoar a legitimidade destes atos caracteriza abuso de direito.
ASSUNTO. NORMAS GERAIS DE DIREITO TRIBUTÁRIO
(...)

Acórdão nº 140200.802
(...) AMORTIZAÇÃO DO ÁGIO E FETIVAMENTE PAGO NA AQUISIÇÃO SOCIETÁRIA. PREMISSAS. As premissas básicas para amortização de ágio, com fulcro nos art. 7º., inciso III, e 8º. da Lei 9.532 de1997, são: i) o efetivo pagamento do custo total de aquisição,

inclusive o ágio; ii) a realização das operações originais entre partes não ligadas; iii) seja demonstrada a lisura na avaliação da empresa adquirida, bem como a expectativa de rentabilidade futura. Nesse contexto não há espaço para a dedutibilidade do chamado "ágio de si mesmo", cuja amortização é vedada para fins fiscais, sendo que no caso em questão essa prática não ocorreu. (...)
INCORPORAÇÃO DE SOCIEDADE AMORTIZAÇÃO DE ÁGIO ARTIGOS 7º E 8º DA LEI Nº 9.532/97. PLANEJAMENTO FISCAL INOPONÍVEL AO FISCO INOCORRÊNCIA. No contexto do programa de privatização das empresas de telecomunicações, regrado pelas Leis 9.472/97 e 9.494/97, e pelo Decreto nº 2.546/97, a efetivação da reorganização de que tratam os artigos 7º e 8º da Lei nº 9.532/97, mediante a utilização de empresa veículo, desde que dessa utilização não tenha resultado aparecimento de novo ágio, não resulta economia de tributos diferente da que seria obtida sem a utilização da empresa veículo e, por conseguinte, não pode ser qualificada de planejamento fiscal inoponível ao fisco. (...)

– Grifos não constantes do texto original –

Nesses outros dois casos, há forte apelo à discussão do chamado "ágio interno". Como dito, uma expressão que não apresenta definição legal específica e que, ao longo do tempo, foi cunhada a partir de entendimentos manifestados pelas autoridades fiscais diante de casos concretos, face o envolvimento de empresas ligadas, adquirente e vendedor ou adquirente e adquirida, no que se denomina como partes dependentes.

A despeito de questões adicionais aventadas em cada caso concreto, é valido lembrar que a restrição legal para a dedutibilidade do ágio em transações envolvendo partes dependentes somente veio a ser estabelecida com a Lei nº 12.973/14[177], conforme tratado no capítulo 3.2. Igualmente relevante destacar que a condição de parte dependente deve ser aferida no momento da aquisição e não por ocasião do evento da incorporação, salvo se este último ocorrer de modo concomitante.

---

[177] Vide os comentários constante do Capítulo 3.2.

Logo, eventos pretéritos devem estar resguardados dessa restrição, já que o marco inicial para vigência do dispositivo[178] se reporta ao momento da adoção inicial das regras previstas na Lei 12.973/14. Isto porque a restrição em questão se trata de uma indiscutível imposição legal surgida naquela Lei e cuja disposição não possui caráter interpretativo, a despeito do conteúdo conclusivo dos julgados em fase administrativa que mantiveram a imposição tributária em tais hipóteses e cuja discussão da matéria no âmbito judicial é um direito assegurado aos contribuintes, no caso de uma eventual oposição de embargos à execução fiscal, por exemplo.

Mas esse entendimento deve ser levado a efeito com limitações, considerando que para as operações entre partes dependentes, **ocorridas após a adoção do IFRS**, já haveria restrição ao desdobramento do ágio em transações entre partes dependentes, para as quais deve ser conferido o tratamento próprio de transações de capital (vide o capítulo 2).

Diante dessa análise, se conclui que o reconhecimento do ágio em tais situações (partes dependentes) e a posterior fruição dos efeitos fiscais como **se ágio fosse**, caracterizaria imprecisão do correspondente lançamento contábil[179], ressaltando sempre que, não se pode admitir, por qualquer hipótese, que o mero registro contábil seja capaz de criar novas realidades jurídicas, e, tampouco, produzir efeitos fiscais diversos daqueles que seriam esperados em condições normais.

Adicionemos à estes comentários os casos de operações entre partes dependentes, ainda que tenham sido realizadas anteriormente à adoção do IFRS, mas que estivessem claramente maculadas por comportamentos que fogem a qualquer razoabilidade, se comparadas a operações usualmente praticadas, e que já poderiam ser facilmente enquadradas como hipótese de simulação[180] ou mesmo nos termos do artigo 60, do Decreto-Lei nº 1.598/77

---

[178] Sob prejuízo do art. 105, do Código Tributário Nacional, aplicando as suas disposições a fatos futuros, salvo quando se tratar de dispositivo meramente interpretativo, o que não é o caso da restrição estabelecida pela Lei nº 12.973/14.
[179] Vide comentários a respeito do laudo de avaliação.
[180] A exemplo de aquisição de participação entre partes dependentes, anteriormente à Lei nº 12.973/14, por valor notoriamente superior a qualquer parâmetro conhecido, gerando dedução fiscal artificial. Hipóteses que já eram limitadas pelo art. 60, do DL nº 1.598/77 e pelo art. 20, do DL nº 2.065/83.

e do artigo 20, do Decreto-Lei 2.065/83, os quais tratam das hipóteses de presunção de distribuição disfarçada de lucros.

Esses casos, dentre tantos outros, foram debatidos ainda na ausência dos conceitos do IFRS que foram incorporados às práticas contábeis brasileiras, cujos conceitos podem modificar de sobremaneira a forma de mensuração e até de interpretação de fatos econômicos e patrimoniais que envolvem a aquisição de controle de ativos, o que já foi visto em todos os comentários de tópicos anteriores[181].

Nessa linha, há que se ponderar, **mesmo quando a transação envolver partes** não dependentes, que a relevância do critério da identificação do adquirente é um elemento que se afigura tão importante quanto o próprio critério de alocação do valor da contraprestação. Isto porque, se trata de uma condição de conteúdo material, sendo que a confirmação dessa qualidade permitirá que os efeitos econômicos do desdobramento da participação adquirida possam vir a ser repercutidos para o sucessor do patrimônio incorporado.

O Método da Identificação do Adquirente e a Hipótese de Incorporação Reversa

O Pronunciamento nº 15 (CPC) orienta que para cada combinação de negócios, uma das entidades envolvidas na combinação deve ser identificada como adquirente.

Por sua vez, o Apêndice B, item B5, do Pronunciamento 36 (R3) define que ao "avaliar o controle da investida, o investidor deve considerar o objetivo e a estrutura da investida a fim de identificar as atividades relevantes, **como as decisões sobre as atividades relevantes são tomadas, quem tem a capacidade atual de dirigir essas atividades e quem recebe retornos decorrentes dessas atividades**" (grifos).

As considerações trazidas por aquele Pronunciamento nos dão uma conotação de que a identificação tem como pressuposto, em primeiro plano, a capacidade decisória, aliada à percepção de qual entidade é a real beneficiária dos resultados econômicos que serão produzidos pela adquirida.

---

[181] Conforme comentado em capítulos anteriores, os desdobramentos derivados de aquisições entre partes dependentes passam a ser tratados como transações de capital, alocadas diretamente no patrimônio líquido.

Logo, há que se ponderar, se a empresa veículo é capaz de preencher tais requisitos, para que seja qualificada (identificada) como adquirente. O requisito de poder decisório, por exemplo, pode ser aferido por meio de evidências de que os seus representantes legais tenham poder efetivo de gestão e ingerência sobre as deliberações da adquirida e autonomia para destinação dos benefícios econômicos obtidos a partir da sociedade controlada.

Em situações reais, é possível que esses parâmetros ainda não sejam suficientes para tal conclusão. De qualquer forma, os itens B14 e B15, do Apêndice B (CPC 36) fornecem outros elementos que podem auxiliar essa avaliação, abaixo, *in verbis*:

> B14. O poder decorre de direitos. Para ter poder sobre a investida, o investidor deve ter direitos existentes que lhe deem a capacidade atual de dirigir as atividades relevantes. Os direitos que podem dar poder ao investidor podem diferir entre as investidas.
> B15. Exemplos de direitos que, individualmente ou combinados, podem dar poder ao investidor incluem, entre outros:
> (a) direitos na forma de direitos de voto (ou direitos de voto potenciais) da investida (ver itens B34 a B50);
> (b) direitos de nomear, realocar ou destituir membros do pessoal-chave da administração da investida que tenham a capacidade de dirigir as atividades relevantes;
> (c) direitos de nomear ou destituir outra entidade que dirija as atividades relevantes;
> (d) direitos de instruir a investida a realizar transações, ou vetar quaisquer mudanças a essas transações, em benefício do investidor; e
> (e) outros direitos (tais como direitos de tomada de decisões especificados em contrato de gestão) que deem ao titular a capacidade de dirigir as atividades relevantes.

O extenso rol de hipóteses apresentadas, além dos itens B18 e seguintes, todos do referido Apêndice B (CPC 36), devem, preferencialmente, ser confirmados a partir de evidências documentais concretas, que permitam a real qualificação do adquirente.

Para as estruturas societárias que envolvam o uso de empresas veículos, essa conclusão é essencial, se tomado por base o critério da identificação. Isto porque, de acordo com essa técnica, somente a identificação dessa sociedade (veículo), enquanto adquirente, é que permitirá a transferência dos desdobramentos patrimoniais apurados no reconhecimento inicial da participação societária, e, consequentemente, dos seus reflexos fiscais, em uma hipótese de incorporação reversa, comumente praticada em reestruturações societárias.

Por outro lado, em um cenário de conclusão negativa a esse respeito, qual seja, a impossibilidade de identificação da empresa veículo na qualidade de adquirente, é de se concluir que restaria prejudicada a transferência dos desdobramentos da participação (tanto a mais valia quanto o *goodwill*) para a adquirida, em uma hipótese de incorporação reversa.

Nesse caso, caberia um novo desdobramento da participação por parte da controladora ascendente mais próxima.

De forma esquematizada, vejamos como ocorreria em uma hipótese em que a sociedade controladora direta, submetida a incorporação reversa **não esteja qualificada como adquirente**:

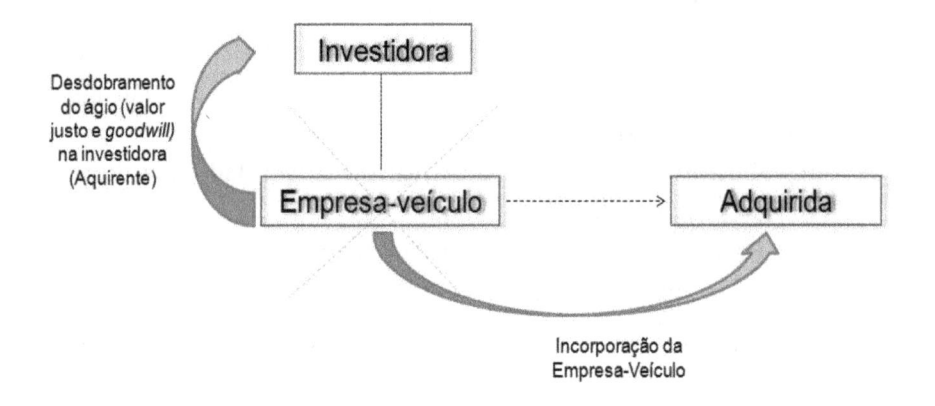

Nessa situação não haveria qualquer translado dos saldos contábeis relativos ao valor justo calculado sobre os ativos líquidos da adquirida, ou do próprio *goodwill*, os quais seriam objeto de um novo desdobramento na investidora.

As consequências jurídicas em uma incorporação reversa, proprocedida de acordo com essas peculiaridades (isto é, quando a empresa veículo não pode ser identificada/qualificada como adquirente), redundam na impossibilidade material de fruição da dedutibilidade do valor justo e do *goodwill* na incorporadora, considerando que nenhum saldo dessa natureza seria transferido para a adquirida.

De perceber que, por essa ótica de apreciação do tema, as discussões relativas ao propósito negocial, recorrentemente levadas a efeito em diversos julgados, em maior parte ainda na esfera administrativa, tendem a perder o seu atual protagonismo, dando lugar ao debate quanto a comprovação de evidências que permitam justificar a empresa veículo na qualidade de adquirente, eis que a ausência dessa condição redunda na própria impossibilidade material de transferência dos efeitos fiscais.

Por corolário lógico dessa hipótese, a dedutibilidade em uma hipótese de incorporação ou fusão se torna cabível à pessoa jurídica que economicamente reúna as condições para a manutenção do ágio **ou para aquela que venha a ser a sua sucessora**, inclusive no caso de uma incorporação reversa, assentada a partir dessa premissa.

Essa condição material não impede a dedutibilidade do ágio ou retira as propriedades jurídicas que lhe são peculiares (especialmente, de conteúdo fiscal). Tampouco, limita direitos que o contribuinte tenha legalmente assegurado, desde que devidamente qualificado enquanto adquirente da participação. Por outro lado, também não deve ser afastada eventual dicotomia quanto à sua interpretação face a subjetividade dos conceitos aqui tratados.

Desse modo, a dedutibilidade dessas parcelas, com a observância dos estritos termos legais, continuará válida, tendo como beneficiária a investidora, no caso, a *parent company* da empresa veículo, caso esta última não tenha reunido as condições necessárias a se qualificar como adquirente, ou uma eventual sucessora daquela que tenha sido devidamente qualificada nesses termos.

Vale dizer, a ocorrência do evento de incorporação, inclusive quando na modalidade reversa, conforme tratado em capítulos anteriores, viabilizaria a fruição dos efeitos fiscais sobre essas parcelas, desde que atendida as condições comentadas nessa oportunidade.

JURISPRUDÊNCIA ADMINISTRATIVA VINCULADA AO TEMA

Acórdão. 1402-002.203
Acórdão. 1402-002.209
Acórdão. 9101-002.312
Acórdão. 1301-002.047
Acórdão. 1401-001.534
Acórdão. 9101-002.311
Acórdão. 9101-002.310
Acórdão. 9101-002.300
Acórdão. 1402-002.183
Acórdão. 1301-002.019
Acórdão. 1402-002.190
Acórdão. 1402-002.158
Acórdão. 1401-001.535
Acórdão. 1301-002.008
Acórdão. 1301-002.009
Acórdão. 1402-002.152
Acórdão. 1402-002.148
Acórdão. 9101-002.304
Acórdão. 9101-002.303
Acórdão. 9101-002.301
Acórdão. 1301-001.980
Acórdão. 1402-002.113
Acórdão. 1401-001.569
Acórdão. 9101-002.188

Acórdão. 1402-002.125
Acórdão. 9101-002.213
Acórdão. 9101-002.186
Acórdão. 9101-002.187
Acórdão. 1201-001.364
Acórdão. 1401-001.570
Acórdão. 1402-002.129
Acórdão. 1401-001.575
Acórdão. 1301-001.905
Acórdão. 1401-001.571
Acórdão. 1402-002.124
Acórdão. 1402-002.062
Acórdão. 1402-002.124
Acórdão. 1301-001.951
Acórdão. 1301-001.950
Acórdão. 1401-001.526
Acórdão. 1401-001.525
Acórdão. 9101-002.185
Acórdão. 9101-002.184
Acórdão. 1201-001.245
Acórdão. 1201-001.267
Acórdão. 1301-001.873
Acórdão. 1402-001.746
Acórdão. 1201-001.237

Acórdão. 1301-001.852
Acórdão. 1401-001.242
Acórdão. 1401-001.159
Acórdão. 1401-001.299

Acórdão. 1402-001.786
Acórdão. 1402-001.893
Acórdão. 1402-001.772

BIBLIOGRAFIA

ABRAHAM, Marcus. Curso de Direito Tributário Brasileiro. Rio de Janeiro. Forense. 2018.
ACIOLY; LEÃO; HIRATUKA; CHERNAVSKY; OLIVEIRA, Luciana; Rodrigo Pimentel Ferreira; Célio; Emílio; Ivan Tiago Machado. Comércio Internacional: aspectos teóricos e as experiências indiana e chinesa. IPEA. 2010.
AMBIMA, Associação Brasileira das Entidades dos Mercados Financeiros e de Capitais Boletim ANBIMA de Fusões e Aquisições. 2017.
ANDRADE, Fernando Dias de. Apontamentos sobre planejamento tributário, à luz do parágrafo único do Art. 116 do CTN. Conteúdo Juridico, Brasília-DF: 22 dez. 2014. <http://www.conteudojuridico.com.br/artigos.
ANDRADE FILHO, Edmar Oliveira de Imposto de Renda das Empresas, São Paulo, Editora Atlas S.A, 2009.
BERNSTEIN, William J. Uma Breve História da Riqueza, São Paulo, Fundamento, 1º Edição.
BOTREL, Sérgio. FUSÕES & AQUISIÇÕES, Editora Atlas, 2º, 2013.
BOZZA, Fábio Piovesan. PLANEJAMENTO TRIBUTÁRIO E AUTONOMIA PRIVADA, Série Doutrina Tributária, Quartier LATIN, São Paulo, Vol. XV, IBDT.
CARVALHOSA, Modesto. Comentários à Lei de Sociedades Anônimas, São Paulo, Saraiva, 6ª edição.
CATTY; HANLIN JR.; CLAYWELL, James P.; William A.; Richard IFRS – GUIA DE APLICAÇÃO DO VALOR JUSTO A abordagem de Mercado"; tradução: Francisco Araújo da Costa, Leonardo Zilio, revisão técnica: André Luís Martinewski; supervisão Ana Cristina França de Souza; Porto Alegre, Bookman, 2013.
COÊLHO, Sacha Calmon Navarro. Curso de Direito Tributário Brasileiro, Editora Forense, Rio de Janeiro, 1999.
COVIELLO FILHO PAULO. A Banalização do Termo "Ágio Interno" pelas Autoridades Fiscais: a Necessidade de Cuidado na sua Utilização, Tendo em Vista o Preconceito por Carregado. Revista Dialética de Direito Tributário, nº 221, p. 100.
MARIZ de OLIVEIRA, Ricardo. Imposto de Renda: Decreto-lei nº 2.341/87, São Paulo: IOB, 1987.

FERNÁNDEZ Y FERNÁNDEZ, PEDROSA JUNIOR, DE PINHO Eloi; Oswaldo A.; Antonio Correia. Dicionário do Petróleo em língua portuguesa. Lexikon, PUC-Rio 2009.

HENDRIKSEN; BREDA, Eldon S e Michael F. Van. Teoria da Contabilidade, Editora Atlas, Tradução da 5º edição Americana por Antonio Zoratto Sanvicente, São Paulo, 1999.

MACHADO, Hugo de Brito. Curso de Direito Tributário, 36ª Edição, Saraiva.

MANKIW, N. Gregory. Introdução à Economia. Tradução da 3º Edição Norte-Americana. Universidade de Harvard. Tradução: Allan Vidigal Hastings. Revisão Técnica: Carlos Roberto Martins Passos.

MAZARS. Financial Advisory Services Ativos Intangíveis em Contexto de Combinação de Negócios. Apresentação realizada no IBRACON em 26.11.14.

MIRANDA e MARTINS José Carlos; Luciano. Fusões e aquisições de empresas no Brasil. Economia e Sociedade, v. 14, n. 2, p. 67-88, 2000.

MONTEIRO; ARAGÃO, Rodrigo R. Monteiro e Leandro Santos de Reorganização Societária, São Paulo, Quartier Latin, 2005.

PEIXOTO, Marcelo Magalhães. Regulamento do Imposto de Renda 2010: Anotado e Comentado. São Paulo. MP Editora. 5ª Edição Atualizada e Ampliada. 2010.

PGFN, Procuradoria Geral da Fazenda Nacional. Gestão da Dívida Ativa da União, 2015.

PINTO, Alexandre Evaristo. A Avaliação a Valor Justo e a Disponibilidade Econômica de Renda. CONTROVÉRSIAS JURÍDICO-CONTÁBEIS (Aproximações e Distanciamentos). 6º Volume. Dialética.

PRADO, Roberta Nioac. OFERTA PÚBLICA DE AÇÕES OBRIGATÓRIA nas S.A. – TAG ALONG, São Paulo, Quartier Latin, 2005.

ROSS; WESTERFIELD; JAFFE, Stephen A.; Randolph W.; Jesffrey F. ADMINISTRAÇÃO FINANCEIRA Corporate Finance, São Paulo, Atlas, 1995.

DE PLÁCIO E SILVA, Oscar Joseph. Atualizado por: Nagib Slaibi Filho e Gláucia Carvalho. Vocabulário Jurídico, Ed. Forense, 28ª Edição.

WHALEN, Patrícia T., by International Association of Book Comunicators The IABC Handbook of organizational communication, Charpter Thirteen, p. 161.

ÍNDICE

Introdução 9

Capítulo 1 – Causas Econômicas Relacionadas às Fusões e Aquisições
           e as Suas Repercussões 15

Capítulo 2 – A Mensuração no Reconhecimento Inicial
           e a Realização Econômica. 31

Capítulo 3 – Disciplina Fiscal Aplicável 69

Capítulo 4 – Análise dos Efeitos Fiscais em Eventos Específicos 113

Jurisprudência Administrativa Vinculada ao Tema 201

Bibliografia. 203